Mario Mieli

Poesie / Poems

Translation by Nicholas Benson and Federica Santini
Edited by Paola Mieli

Agincourt Press
New York, 2025

Opuntia is an imprint of Agincourt Press
Luigi Ballerini and Gianluca Rizzo, Editors
Agincourt Press is a non-profit organization chaired by Berardo Paradiso

© 2025 by Agincourt Press

All manuscripts are subject to peer review.

All rights reserved.

ISBN: 978-1-946328-64-9

AGINCOURT PRESS
P.O. Box 1039
Cooper Station
New York, NY 10003
www.agincourtbooks.com

Una maschera. Disegno di Mario Mieli (1979/1980) / Drawing by Mario Mieli

Table of Contents

10 Paola Mieli, *Premessa / Preface*
16 Nicholas Benson, *Nota del traduttore / Translator's Note*

Mario Mieli, *Poesie / Poems*

28 Oggi la marea non cancella / My Love, Today the Tide
30 Dio / God
34 Pomeriggio a Lora dopo mesi di assenza / An Afternoon in Lora After Months Away
36 Nato tra il verde di maggio / Born in May's Greenery
40 A Enrico / To Enrico
42 La luna d'estate / Summer Moon
44 Non parlare / Don't speak
46 Parigi, Pasqua 1969 / Paris, Easter 1969
48 O bimbo, bimbo della mia ora / O Child, Child of my Time
52 Mi hanno insabbiato / They've Buried Me
58 Abbordato ieri notte nella via / Picked Up On the Street Last Night
60 In occasione del suicidio di T. L. / On the occasion of T.L.'s suicide
64 Occhieggia sunta fantasia / Ogling Shy Fantasy
66 Mi passa per la mente / It Crosses my Mind
68 Lode a Dio nel Giugno del 1970 / Prayer to God, June 1970
70 L'acceso viatico / The Fiery Viaticum
74 L'implacabile allegria / The Relentless Joy
76 Dodicimila spiriti / Twelve Thousand Spirits
78 La brodaglia la Tessaglia / Getting Tramped
82 Dal *Lamento di Danae* di Simonide di Ceo / From *Danae Fragment* by Simonides of Ceos

Table of Contents

- 86 Le stelle che la notte ha trapunto / The Stars Stitched by Night
- 88 Sanguisuga fragile / The Fragile and Laborious Leech
- 90 Poesia del diciottenne / Poem by an 18-Year-Old
- 92 Oh, l'estro di una plurigenerata / Oh, the spur of an overdetermined
- 94 La sabbiosa ipotesi / One muddled question
- 96 La nave / The Ship
- 98 Circumda et ama, 8 / Circumda et Ama, 8
- 102 In occasione di Corrado / On Corrado
- 104 La persona cui le parole sono rivolte è Corrado / The person to whom these words are addressed is Corrado
- 108 A Corrado, ponendo che io muoia prima / To Corrado, Assuming that I Die First
- 110 Urli del possesso (?) – Autunno / Cries of Possession (?)—Fall
- 114 La morte di zia Dora / The Death of Aunt Dora
- 118 In occasione del processo a Pio Baldelli, direttore responsabile di "Lotta continua", 9 ottobre 1970 / On the occasion of the trial of Pio Baldelli, director of *Lotta continua*, October 1970
- 122 "Geisha". Tu dici? / "Geisha," You Say?
- 124 La mano / The Hand
- 126 Neàm / Neàm
- 130 Quando assetato / When, dying of thirst
- 132 L'anitra - Quand je parle personne ne me comprend / The duck. Quand je parle personne ne me comprend
- 134 Dolore / Sorrow
- 136 La Lóriga ha ritrovato un portafoglio / Lóriga found a wallet
- 138 Entropia energetica distribuzione / Entropy: energy-filled distribution
- 140 Pur anco sono e solo
- 142 Lava il tu' panno in del ritiru / Lava il tu' panno in del ritiru
- 144 Venezia, Maggio 1971 / Venice, May 1971
- 146 La razza superiore
- 150 Dormiveglia / Half Asleep
- 152 Le giornate durano quanto i fiori / The days last as long
- 154 L'ultima piaga della mia gioventù / The last wound of my youth
- 156 (1974? Da penso...) / (1974? From I think…)
- 158 Null'affatto masochista / Not a Masochist at All
- 160 IO L'AMO. MI AMA / I LOVE HIM. HE LOVES ME BACK
- 162 Ballerina / Ballerina

164	Oggi sono andato al parco / Today I Went to the Park
166	Il bacio / The Kiss
168	A Umberto / To Umberto
170	Scrivere è una lotta *costante* / To write is a *constant* struggle
172	Contro le regole / Against the rules
174	Herstory / Herstory
176	Il grande amor satanico / The Great Satanic Love
178	Funzione della noia inutile / The Function of Pointless Boredom
180	Pomeriggio preliminare con Michel / Preliminary Afternoon with Michel
182	Ritratto / Portrait
184	Il bancario a sua sorella / The Bank Teller to his Sister
186	L'AMANTE, L'AMATO E LA ROCCIA, ovvero Pensieri per Amanti non del tutto ricambiati / THE LOVER, THE BELOVED, AND THE ROCK or Thoughts for not entirely requited lovers
190	L'Elefante Rosso / Red Elephant
194	Gli amici confidenziali / Friends Confiding
196	Mal de muchos consuelo de tontos / Mal de muchos consuelo de tontos
198	Il palmeto / The Palm Grove
200	A Carlos / To Carlos
202	Intorno alla volta celeste / All Around the Celestial Vault
204	Il minimo indispensabile / The Bare Minimum
206	Papero / Papero
208	A Lucia / To Lucia
210	Mary / Mary
212	*Al maschio / To Men*
216	Nicholas Benson e Paola Mieli, *Note alle poesie / Notes to the Poems*
236	Paola Mieli, *Nota biografica / Biographical Note*

Premessa

Paola Mieli

Mario non si pensava un poeta. E non mi risulta che abbia mai pensato di pubblicare una raccolta delle sue poesie. Da bambino scriveva versi nei suoi taccuini e nei suoi diari, a volte recitati nelle occasioni celebrative familiari o scolastiche; da adolescente – tra riflessioni esistenziali, amori e malinconie – scriveva poesie di frequente, espressioni private, condivise occasionalmente con amici intimi. Aveva una passione per la letteratura classica, che lesse sempre con grande attenzione e con un particolare culto per lo stile. Fu a partire dal 1968, col passaggio da Lora – la campagna dietro al lago di Como dove era cresciuto – a Milano, che si mise a scrivere poesie con maggiore regolarità, proprio al tempo del suo primo coinvolgimento con i movimenti di liberazione omosessuale e femminista. A fianco del progressivo impegno politico, dell'investimento filosofico e critico, persisteva una scrittura privata. L'incontro al liceo Parini con Milo De Angelis fu al riguardo decisivo; esso inaugurò un periodo di scambio di testi poetici, solidificato a partire dall'ottobre del 1970, quando Mario aderì al "gruppo di poesia" fondato allora da Milo De Angelis (che lo invitò a parteciparvi) e da Angelo Lumelli. Il gruppo si sarebbe incontrato ogni settimana a casa di Lumelli.

Mario, che aveva allora 18 anni, partecipò puntualmente alle sue riunioni fino alla partenza per l'Inghilterra nell'autunno del 1971, dove visse intermittentemente per alcuni anni; successivamente, vi fece qualche sporadica apparizione. Non a caso, molte delle poesie qui raccolte appartengono al periodo del gruppo di poesia; alcune fra esse furono distribuite e commentate durante gli incontri, come si rileva dalle annotazioni appositamente inserite da Mario in accompagnamento ai testi, chiavi di lettura offerte ai suoi lettori. Milo de Angelis, Michelangelo Coviello e Angelo Lumelli – di cui Mario apprezzava immensamente e in particolare l'espressione poetica, nonché "l'intelligenza asimmetrica e irregolare", come la definiva – divennero i suoi principali interlocutori sul terreno della critica poetica.

Preface

Paola Mieli

Mario didn't think of himself as a poet. And I don't think he ever considered publishing a collection of his poems. As a child, he wrote verses in his notebooks and diaries, sometimes recited at family or school celebrations; as a teenager—between existential reflections, crushes and melancholy—he wrote poems frequently, as private expressions, occasionally shared with close friends. He had a passion for classical literature, which he always read with great attention and a particular attention to style. It was in 1968, with the move from Lora—the countryside behind Lake Como where he grew up—to Milan, that he began writing poetry more regularly, precisely at the time of his first involvement with the gay liberation and feminist movements. Alongside his increasing political commitment and his philosophical and critical involvement, he continued to write privately. His encounter with Milo De Angelis at the Liceo Parini was decisive in this regard; it inaugurated a period of poetic exchange, which solidified in October 1970, when Mario joined the "poetry group" founded by Milo De Angelis (who invited him to participate) and Angelo Lumelli. The group would meet weekly at Lumelli's home.

Mario, then 18, regularly attended its meetings until his departure for England in the fall of 1971, where he lived intermittently for several years; afterward, he made a few sporadic appearances. Not surprisingly, many of the poems collected here date back to the period of the poetry group; some of them were distributed and commented on during the meetings, as evidenced by the notes Mario specially included with the texts, offering insights to his readers. Milo de Angelis, Michelangelo Coviello, and Angelo Lumelli—whose poetic expression and "asymmetrical and irregular intelligence," as he put it, Mario immensely admired—became his main interlocutors in the field of poetry criticism.

Given the number of texts from 1970-71 that accompany his participation in the poetry group, it's worth quoting here some comments from his friends whom I interviewed years ago, on July 19, 2018, and with whom I

Dato il numero di testi del '70-71 che accompagnano la sua frequentazione al gruppo di poesia, val la pena di riportare qui alcuni commenti dei suoi amici sul lavoro di Mario d'allora, da me intervistati anni fa al riguardo, in un dialogo del 19 luglio 2018. Al dire di Milo de Angelis, quel che colpiva di Mario poeta era il fatto "che mentre di ciascuno di noi si potevano cercare delle origini, dei maestri – tedeschi nel caso di Lumelli, inglesi, americani e anche sperimentali nel caso di Coviello, francesi e simbolisti nel caso mio – Mario sembrava venire da una zona indeducibile". Secondo Michelangelo Coviello, la sua era una poesia teorica – "aveva qualcosa in testa da dire" – una poesia dimostrativa, politica, brechtiana, con una componente erotica. Mario "aveva sempre una teoria", raccontava Angelo Lumelli, "e devo dire che a me era la cosa che piaceva, il fatto che avesse un pensiero muto che veniva vestito in episodi diversi". Teorico da un lato, ma "estatico e misticheggiante" dall'altro, legato all'illuminazione, era, al dire di De Angelis, un formidabile e severo lettore, di cui "tutti avevamo bisogno": "Diedi a Mario alla fine del '71 una parte di quel che nel '76 sarebbe stato il mio libro futuro; fece un'analisi feroce, implacabile, parola per parola e fu molto utile – gli sono molto riconoscente per questa lettura selettiva". Gli amici ricordano una serata dove si svolse un intenso dibattito provocato da Giovanni Fattorini e Carlo Ferrario. Rappresentanti della "vecchia scuola", Fattorini e Ferrario "attaccarono furiosamente" Lumelli sulla parola "meriggio", secondo loro inaccettabile, e Mario per la sua trovata linguistica "mi rupperò" [p. 130], che mescolava il passato remoto e il futuro del verbo rompere: "non si fanno queste cose!". Fu una serata "polemica e molto dura, anche psicologicamente". Mario rispose in maniera puntuale e aguerrita, dando "il meglio di sé".

A partire dal '71, con l'intensificarsi del suo coinvolgimento politico e con la stesura continua di articoli e interventi pubblici pubblicati su FUORI!, Lambda, L'erba voglio, Comune Futura, e via dicendo, le poesie di Mario si diradano. Saggistica, riflessione filosofica, interventi politici, occupano il primo piano, cadenzati da "illuminazione linguiste fulminanti", come Corrado Levi le definisce; il volume *La gaia critica*, pubblicato nel 2019 da Marsilio, che raccoglie gli scritti politici di Mieli tra 1972 e il 1983, ne dà la misura. Del 1977 è la pubblicazione da Einaudi della sua tesi di laurea *Elementi di critica omosessuale*, "il più importante saggio teorico prodotto in Italia nell'area del

discussed Mario's work from that time. According to Milo de Angelis, what was striking about Mario the poet was the fact that "while one could trace the origins and masters of each of us—Germans in the case of Lumelli, English, American, and even experimentalists in the case of Coviello, French and Symbolist in my case—Mario seemed to come from an undeducible place." According to Michelangelo Coviello, his poetry was theoretical—"he had something in his head to say"—a demonstrative, political, Brechtian poetry, with an erotic component. Mario "always had a theory," Angelo Lumelli recounted, "and I must say that what I liked was the fact that he had a silent thought that was dressed up in different episodes." A theoretician on the one hand, but "ecstatic and mystical" on the other, bound to enlightenment, he was, according to De Angelis, a formidable and severe reader, whom "we all needed": "At the end of '71, I gave Mario a part of what would become my future book in '76; he performed a ferocious, relentless, word-for-word analysis, and it was very helpful—I am very grateful to him for this critical reading." Friends recall an evening at which an intense debate took place, sparked by Giovanni Fattorini and Carlo Ferrario. Representatives of the "old school," Fattorini and Ferrario "furiously attacked" Lumelli about his use of the word "meriggio," which they considered unacceptable, and Mario for his linguistic invention "mi rupperò" [p. 130], which mixed the past perfect and future tense of the verb *rompere*: "you can't do these things!" It was a "polemical and very tough evening, even psychologically." Mario responded promptly and aggressively, giving "the best of himself."

Beginning in 1971, with the intensification of his political involvement and the constant writing of articles and public interventions published in FUORI!, Lambda, L'erba voglio, Comune Futura, and so on, Mario wrote poems less frequently. Nonfiction, philosophical reflections, and political speeches took center stage, punctuated by "lightning linguistic illuminations," as Corrado Levi called them; the volume *La gaia critica*, published in 2019 by Marsilio, which collects Mieli's political writings between 1972 and 1983, provides a measure of this. In 1977, Einaudi published his graduate thesis, *Elementi di critica omosessuale*, "the most important theoretical essay produced in Italy in the area of the homosexual liberation movement," which has now been translated into five languages.[1] From 1975 onward, Mario's involvement

---

[1] G. Rossi Barilli, "La rivoluzione in corpo," in M. Mieli, *Elementi di critica omosessuale*, edited by Gianni Rossi Barilli and Paola Mieli (Milano: Feltrinelli, 2002), p. 303.

movimento di liberazione omosessuale»[1], oggi tradotto in cinque lingue. A partire dal 1975 il coinvolgimento di Mario col teatro, come autore e come attore, assorbe un aspetto ludico, performativo e provocatorio della sua scrittura. Successivamente, dal '78 in avanti, pur continuando attivismo politico e performances, è l'impegno con la scrittura narrativa a prendere il sopravvento in modo decisivo. Mieli passerà diversi anni sulla stesura del suo romanzo *Il risveglio dei faraoni*, che sarebbe dovuto uscire nell'83 da Einaudi, ma di cui rescisse il contratto e chiese all'editore la restituzione poco prima di morire.

Tra 1972 e 1983, le annotazioni poetiche persistono, sparse o in forma di detriti, sottofondo costante di una puntuazione intima, laterale e familiare – tracciate spesso sulla carta intestata di un hotel, sul carnet del telefono o sul retro pagina di un testo politico o teatrale, magari accompagnate da uno schizzo o da un disegno stilizzato. E lateralmente continuano, fino agli ultimi giorni di vita.

Se val la pena di raccoglierne una scelta e pubblicarle, è per restituire un aspetto significativo del suo rapporto sfaccettato con la scrittura, che si è sempre riservato, dietro all'impegno politico e alla dichiarazione pubblica, dietro alla saggistica e alla narrativa, un luogo di disimpegno, di un privato lasciarsi andare e di un incostante sperimentare con parole e versi.

* * *

Ringrazio di cuore Nicholas Benson per la cura e l'entusiasmo con cui si è dedicato alla traduzione finale dei testi e alla realizzazione di quest'opera. Ugualmente grata sono a Federica Santini che ha creduto fin dall'inizio in questo progetto e che ha eroicamente tradotto in prima battuta le poesie qui raccolte. Una nota di riconoscenza va anche a Francesco Barilà per avermi aiutato nella trascrizione digitale di questo materiale.

---

[1] G. Rossi Barilli, "La rivoluzione in corpo", in M. Mieli, *Elementi di critica omosessuale*, Feltrinelli Milano 2002, sotto la direzione di Gianni Rossi Barilli e Paola Mieli, p. 303.

with the theater, as both author and actor, imbued his writing with a playful, performative, and provocative dimension. Subsequently, from 1978 onward, despite continuing his political activism and performances, his commitment to narrative writing took decisive precedence. Mieli spent several years drafting his novel *Il risveglio dei faraoni*, which was due to be published by Einaudi in 1983, but he terminated the contract and asked the publisher for its return shortly before his death.

Between 1972 and 1983, there were more poems, scattered or in the form of notes, a constant undercurrent of intimate, lateral, familiar punctuation—often scribbled on hotel letterhead, a notepad, or the back page of a political or theatrical text, perhaps accompanied by a sketch or a stylized drawing. And they continued, on the side, up to the last days of his life.

If it's worth collecting and publishing a selection of Mario's poems, it is to reveal a significant aspect of his multifaceted relationship with writing, which he always reserved—behind political commitment and public declarations, behind nonfiction and fiction—as a place of disengagement, of privately letting go, and of sporadic experiments with words and verse.

* * *

I sincerely thank Nicholas Benson for the care he put into the final translation of the texts, and for his dedication to this work. I am equally grateful to Federica Santini, who believed in this project from the outset and heroically translated the poems collected here from the very beginning. A note of gratitude also goes to Francesco Barilà for his assistance in digitally transcribing this material.

Nota del traduttore

Nicholas Benson

Ricche di elementi grafici e allusioni ermetiche, di esplicite azioni pubbliche nonché di personali, e a volte intime, notizie, le poesie di Mario Mieli si sottraggono a qualsiasi tipo di categorico incasellamento. Richiedono una lettura intensa e molteplice, tappe di avvicinamento che non mancano mai di elargire grandi soddisfazioni. In parte diario, in parte biografia, in parte occasione di divagazioni referenziali e tonalità ritmiche, l'elusività di questi testi sottolinea quanto spesso ciò che si cerca di esprimere risulti irraggiungibile. In ultima analisi, queste poesie testimoniano del paradosso di un lirismo profondamente vissuto che urta contro la sua stessa singolarità, portando alla luce la ricerca di una più ampia concezione dell'io. Ci troviamo di fronte, in buona sostanza, a uno degli scrittori più generosamente sinceri e anticonformisti che ci sia dato di incontrare.

Pervade l'intero manoscritto una disperazione esistenziale che investe il poeta, appena diciottenne, giunto al limitare dell'idillio domestico e famigliare – una preternaturale superconsapevolezza della mortalità che minaccia anche gli amori più protetti e ricambiati, e resi ancora più intensi dal fatto stesso di essere fin dall'inizio destinati a soccombere. Adolescente, Mieli vive la propria giovinezza come qualcosa che appartiene a un passato irrecuperabile ("O bimbo, bimbo della mia ora)," e immagina l'unione ideale con un amante realizzabile dopo la morte ("A Corrado, ponendo che io muoia prima)." Dentro questi oscuri confini, le poesie si aprono a invocazioni di salvezza, in veri e propri termini religiosi, dall'andamento tutto sommato convenzionale di "Dio," una poesia degli inizi, fino alle successive visioni tenebrose come, per esempio, quelle della spietatamente sobria "Intorno alla volta celeste."

Ma il lettore non mancherà di imbattersi anche in occasioni di pura gioia e di sottile umorismo. Dato il grave peso di cui si fece carico per vivere intensamente la sua vita di attivista e, al contempo, per esprimere la propria originalità, i momenti in cui Mario Mieli raggiunge una sua piena soddisfazione emo-

Translator's Note

Nicholas Benson

Mario Mieli's poems resist categorization. Practically every poem, even the shortest, possesses elements both graphic and hermetic, deeply personal and documentary, intimate and public. They require—and repay—sustained and repeated attention. Part daybook, part memoir, part testing ground for experiments in tone and allusion, their elusiveness emphasizes that what we often strain to express remains just out of reach. Ultimately, the poems embody the paradox of an intensely felt personal lyric pushing against its own singularity, reflecting Mieli's quest for a broader conception of the self. They are the testament of one of the most unconventional, open-hearted writers one is likely to come across.

Running throughout the manuscript is an existential despair that even as an eighteen-year-old, the poet feels at the edges of the domestic and family idyll—a preternatural hyper-awareness of mortality threatening even the most secure, reciprocated loves, all the more intensely felt because condemned in advance. Already as a teenager Mieli had the feeling of youth as belonging to the irretrievable past ("Lora, September 12th, 1969"), and imagined ideal union with a lover possible only after his death ("To Corrado, assuming that I die first"). Within these dark borders, the poems often reach for salvation in religious terms, from the relatively conventional mode of the early poem "God" to later, darker visions such as the unforgivingly spare "All Around the Celestial Vault" (later, keeping in mind that when Mieli took his own life, he was only thirty).

And yet the reader will encounter moments of joy and humor in this collection. Under such pressure as he placed on himself to make the most of his life as an activist, and to express his originality effectively, the moments when Mieli attains emotional fulfillment are hymns to life and gifts to the reader for which we can be grateful. One such poem is the very first we have, from November 1968:

tiva sono inni alla vita, regali di cui il lettore non potrà che essere riconoscente. Valga come esempio il testo, datato novembre 1968, che apre questa raccolta:

Oggi
la marea non cancella
la nostra traccia,
amore.
Sulla sabbia
nel mare
in fondo al mio cuore
io ricalco
ogni giorno
le nostre impronte
di fuoco.
E in ogni volto
io ritrovo il tuo sguardo:
e avverto
che tutto il mondo
nutre la stessa fede.

My love,
today the tide
doesn't erase
our tracks.
In the sand
on the sea
in the depths of my heart
every day
I retrace
our steps
of fire.
And in every face
I see your eyes;
and realize
all the world
lives by the same faith.

Più avanti nel libro si incontrano momenti incandescenti che rimarranno a lungo nella memoria e nell'immaginazione, come, per esempio, la poesia spensierata con un titolo redatto a mo' di graffiti, e scritto a lettere maiuscole: "IO

Oggi
la marea non cancella
la nostra traccia,
amore.
Sulla sabbia
nel mare
in fondo al mio cuore
io ricalco
ogni giorno
le nostre impronte
di fuoco.
E in ogni volto
io ritrovo il tuo sguardo:
e avverto
che tutto il mondo
nutre la stessa fede.

My love,
today the tide
doesn't erase
our tracks.
In the sand
on the sea
in the depths of my heart
every day
I retrace
our steps
of fire.
And in every face
I see your eyes;
and realize
all the world
lives by the same faith.

Later, there are incandescent moments that remain in the mind and imagination, as in the lighthearted poem with a graffiti-like title in all-caps, "I LOVE HIM. HE LOVES ME BACK," whose twelve end-stopped, declarative lines arrive like a blast of fresh air culminating in an epiphanic moment of wonder: "Io mezzogiorno stellato"—"This starry noon is me."

L'AMO. MI AMA," i cui versi, dodici in tutto, dichiarativi e ognuno a senso compiuto, giungono come una boccata d'aria fresca e culminano in apice epifanico di grande stupore: "Io mezzogiorno stellato"—"This starry noon is me." Il traduttore deve pertanto accogliere la sfida di trovare modi che riflettano con esattezza il mutevole fascino che queste poesie sprigionano e i loro improvvisi cul-de-sacs, intrecciati come sono in un esigente linguaggio musicale, i cui aspetti formali sarebbe assurdo cercare di riprodurre in inglese. Tra le sfide che il traduttore ha dovuto raccogliere si citino almeno quella non dico di riprodurre, ma di non allontanarsi troppo dalla concisione di molte formule originali, di trattenere la complessa simultaneità di speranza e rammarico; nonché rispettare il numero degli accenti presenti in ogni verso, con il *caveat* che in inglese è impossibile riprodurre il suono delle vocali aperte che si alternano a conclusione di ogni verso serpeggiando tra di essi come un respiro involontario. Per esempio:

E quando l'arancio
si spande
per il cielo pallido
sera e mattino
– e sera
risponde
a un trionfo di giorno,
il mattino
al tuo sogno –
io già ti vedevo,
tranquillo vagante,
tu che sei bello
come l'uccello che canta
e solo lo sento,
eppure
mi par di vederlo.

["A Enrico"]

And when orange
spreads
across the pale sky
each evening and morning
—evening

The translator's challenge is to find ways to reflect the poems' shifting charms and cul-de-sacs, woven as they are in a compulsorily musical language whose features it would be absurd to try to replicate in English. Among the challenges were to find a way to match the concision; echo the complex simultaneity of hopefulness and regret; and mirror the number of beats per line, accepting that English will not replicate the alternating open vowel line endings, which wind throughout the poems like an involuntary breath. Take these lines, for example:

E quando l'arancio
si spande
per il cielo pallido
sera e mattino
– e sera
risponde
a un trionfo di giorno,
il mattino
al tuo sogno –
io già ti vedevo,
tranquillo vagante,
tu che sei bello
come l'uccello che canta
e solo lo sento,
eppure
mi par di vederlo.

["A Enrico"]

And when orange
spreads
across the pale sky
each evening and morning
—evening
answering
a day of triumph,
just as morning
answers your dream—
I'll be able to see you,
quiet wanderer,
you who are beautiful

answering
a day of triumph,
just as morning
answers your dream—
I'll be able to see you,
quiet wanderer,
you who are beautiful
like the songbird
only I can hear,
yet I think
I can see.

["To Enrico"]

Al fine di trattenere in inglese il rispetto che le poesie di Mieli manifestano nei riguardi della, a volte ardua, dizione e della versificazione italiana, abbiamo accuratamente evitato di superfetare il testo tradotto con soluzioni esplicative. A volte Mieli scrive in un misto di passato e presente, sfumando deliberatamente il confine tra ciò che è accaduto, pura immaginazione, e ciò che potrebbe ancora accadere (vedi, ad esempio, le tre frasi che concludono "Non parlare/non tremare"). Non di rado Mieli incide una sua drammatica scenografia all'interno di una rete di enigma di non facile decodificazione. In questi casi, sperando che il lettore curioso e motivato le trovi di qualche utilità, il testo è stato corredato di note esplicative. Altrettanto numerosi tuttavia rimangono i passaggi in cui un fitto giuoco di luci e ombre punteggia quello che ha tutta l'aria di essere un viaggio di ritorno dall'abisso.

Le giornate durano quanto i fiori
di Magnolia
e cioè un giorno
solo.
Credo
dovrò intraprendere
il viaggio
nel mondo mio interno;
perchè è in me
la strada della pazzia.

["Le giornate durano quanto i fiori"]

like the songbird
only I can hear,
yet I think
I can see.

["To Enrico"]

We were mindful that, if the poems are to be close to as challenging to the norms of diction or poetic composition in English as they are at times in Italian, the translator must avoid unpacking or clarifying diction and action. Sometimes Mieli writes in a mixture of past and present tense, deliberately blurring the boundary between what has occurred, pure imagination, and what may yet occur (see, for example, the three sentences that conclude "Don't speak/don't tremble"); and the dramatic scenography is sometimes an intriguing puzzle, studded with obscure allusions. In such cases, we have provided endnotes, hoping to give readers the information they need to decode matters. Just as often, though, one encounters passages that, with their interplay of darkness and light, seem to mark a way back from the abyss.

Le giornate durano quanto i fiori
di Magnolia
e cioè un giorno
solo.
Credo
dovrò intraprendere
il viaggio
nel mondo mio interno;
perchè è in me
la strada della pazzia.

["Le giornate durano quanto i fiori"]

The days last as long
as a magnolia bloom—
that is, one day
only.
I believe
I'll have to undertake
a journey

The days last as long
as a magnolia bloom—
that is, one day
only.
I believe
I'll have to undertake
a journey
through the world within me;
because it is within me,
the road to madness.

Un regalo al lettore, infine, un esempio redatto, in apparenza, senza alcuno sforzo di compressione ideo-musicale:

Scrivere è una lotta *costante*
con la cultura che hai
e con quella che ti manca

ma può diventare una danza
un vortice allegro
e sei tu

["Scrivere è una lotta costante"]

To write is a *constant* struggle
against your own education
against what you lack

but it can be a dance
a happy whirlwind
and then it's you

* * *

Ho avuto la grande fortuna di lavorare con la mia co-traduttrice, Federica Santini, e con Paola Mieli che ci ha guidato con estrema pazienza e competenza nella realizzazione di queste traduzioni. Ringrazio di cuore entrambe per avermi coinvolto in questo progetto.

through the world within me;
because it is within me,
the road to madness.

And this gift to the reader, an example of Mieli's deceptively casual compression of music and idea:

Scrivere è una lotta *costante*
con la cultura che hai
e con quella che ti manca

ma può diventare una danza
un vortice allegro
e sei tu

["Scrivere è una lotta costante"]

To write is a *constant* struggle
against your own education
against what you lack

but it can be a dance
a happy whirlwind
and then it's you

* * *

It was my great fortune to work with my co-translator, Federica Santini, and Paola Mieli, our editor and supremely patient informant. Heartfelt thanks to them both for bringing me into this project.

Mario Mieli
Poesie

Mario Mieli
Poems

Oggi
la marea non cancella
la nostra traccia,
amore.
Sulla sabbia
nel mare
in fondo al mio cuore
io ricalco
ogni giorno
le nostre impronte
di fuoco.
E in ogni volto
io ritrovo il tuo sguardo:
e avverto
che tutto il mondo
nutre la stessa fede.

Novembre 1968

My love,
today the tide
doesn't erase
our tracks.
In the sand
on the sea
in the depths of my heart
every day
I retrace
our steps
of fire.
And in every face
I see your eyes;
and realize
all the world
lives by the same faith.

November 1968

Dio

Oltre la più vaga comprensione
e ogni desiderio di certezza,
oltre la luna che segue le notti passate
c'è come un lume;
e mai si spegne.
Se nel tentativo di discernere
oltre l'infinito,
ho creduto in ogni ostacolo la morte,
pure quel lume rimane
e mi accompagna in tutti i pensieri.
Ma anche
nei giorni più tristi
per le piccole umili cose
ritorna in ogni sospiro
la nostra comunione –assai forte–.
E torna con profonda religione
lontana dall'atroce timore
di perdere ogni legame
–come con certa credenza–.
Ritorna più forte che mai
ogni volta che colgo un errore
e salva l'anima mia
con la bella sincera dolcezza.

Dei tempi passati
rimane oscura memoria
e un rimpianto
ma quello
–sicuro legame–
stabilisce nel brivido
un'idea
che è come il più lungo riassunto.
E se un nome gli si vuol dare,
questo è il nome
di tanta tenerezza,
del lungo riposo –del dolore–
dell'aspra lotta,
della speranza bella.

God

Beyond the faintest comprehension
and every wish for certainty,
beyond the moon that follows the spent nights
there is a light
that never goes out.
If, in the attempt to perceive
beyond the infinite,
I thought death hid in every obstacle,
still that light shines
accompanying my every thought.
So even on
the saddest days
through small, humble cares,
our communion—so deep—
returns with every breath.
And it returns with profound religion
far from the awful fear
of losing every connection,
by belief confirmed.
It returns stronger than ever
each time I stray,
and saves my soul
with its beautiful, sincere grace.

Of times gone by
the hazy memory remains
and a regret
but that
sure connection
amidst the trembling
establishes an idea, and that
could be the most faithful account.
And if it must be named,
it has the name
of great tenderness,
of long repose—of sorrow—
of harsh struggle
and beautiful hopes.

È il nome del mattino
e dei tramonti
quando nel cielo d'oro
ho passeggiato con la sola maglia,
tramonto estivo
e fresco e profumo di fiori.
Questo è il ricordo dell'onda
dai colori verdi e sfumati
dell'aria di montagna
fra la neve e in mezzo ai mari.

È il respiro di persone amate
poi l'impronta di certa inquietitudine
e la forza di ridere e di piangere
di tenere il passo
di cogliere le rose.
E in fondo a tutto,
senza timore,
sempre è presente quest'incontro
come fosse padre del dolore
e d'ogni gioia
gioia dei miei pensieri
forza possente
che mena gli uomini disperati
lungo le strade più dure.

Quando in tutto il cielo
si salverà una stella,
al di là di questa
vedremo sempre il lume.
E anche se perderò
per tristezza
quell'ultimo fondo di coscienza
ed ogni umana comprensione
e venderò oltre a me stesso
ogni speranza,
quello sarà il giorno dell'amore
chè il lume acceso
brucia
sempre, continuo,
ovunque

Febbraio 1969

It is the name of morning
and sunsets
when I walked in a golden sky
wearing only a shirt,
cool summer sunset
in the perfume of flowers.
This is the memory of the wave
faded green
by mountain air
between snows, between seas.

It is the breathing of those you love
marked by disquiet,
with strength to laugh and to weep
and keep on going,
to gather roses.
And at the end of it all,
without fear,
this encounter is always present,
as if it were the father of each sorrow
and every joy,
joy of my thoughts,
mighty power
that guides the desperate
along the harshest roads.

When in the entire sky
one single star remains,
beyond it we still
see the light.
And even if through sadness
I lose that last
remnant of consciousness
and all human awareness,
and sell off all my hopes
along with myself,
that will be the day of love
since once the light is lit
it stays burning
always, forever,
everywhere

February 1969

Pomeriggio a Lora dopo mesi di assenza

Risentirti
e tacerti in Lora
che lo sviluppo
al tuo bruciore
è stato.
T'amo
e ho tanto amato
la splendida domo
campestre
e m'accorgo di foglie,
di guscie diverse
negli armadi.
Tu sei il suo ricordo
nell'aria artificiale
di Milano,
ma a Lora,
tornando che ci annuncia
primavera,
e l'atrio pare sontuoso,
stringendo la mano alla Porzio,
tu c'eri
e premevi al mio cuore.
Io t'amo entrambi,
care cose,
nel tuo bacio
seguitemi tutte
che lui – e l'aurora
e i tramonti –
Dio li ha segnati
come luce dei poeti
e dei poveri cuori,
povere menti
malate in un bosco
in cerca d'assassini –
ma c'era biancospino
e la robinia
e la lumaca
mi faceva schifo.

Poi l'acqua fresca
nel bagno della mamma
e tu il canto
e lo stesso profumo di fieno
e il contatto
ombroso
con la casa di Gino,
o la piscina sepolta
che variava
il Foro romano,
tutta incompiutezza
d'ogni prato;
tu sei quello
che avevo cercato,
quando rifarne l'aspetto
mi pareva impossibile,
senza distruggerla,
Lora.

Marzo 1969

An Afternoon in Lora After Months Away

To hear you again
and to be quiet in Lora
where your burning
development
took place.
I love you
and have loved so much
the mighty *domo*
campestre
where I find leaves
and fruit of different trees
carved on the cabinets.
You are its memory
in the artificial air
of Milan,
while in Lora,
spring announcing
its return,
the front hall seems enormous,
greeting *la Porzio*,
with you there
pressing on my heart.
Dear things,
I love you both;
follow me
in your kiss,
just like him—from break of day
to every sunset—
everything touched by God,
like light on the poets
and on poor hearts,
poor minds
taken ill in a wood,
hunting assassins—
but there was hawthorn
and the carob,
and the snail
that made me sick.

Then cool water
in mother's bathroom
and you, singing,
and the same sweet scent of hay
and the shady
breezeway
to Gino's house,
or the buried pool
like a variation
on the Roman Forum,
and the rough progress
of every meadow;
when recreating its features
seemed impossible to me
without destroying it,
you are the one
I was always seeking,
Lora.

March 1969

Nato tra il verde di maggio

Nato tra il verde di maggio
nel mese della Madonna
margherita anche tu
tra le pratoline e i mughetti,
volavi con i maggiolini
del grande faggio verde.
È stato facile
confonderti ai fiori azzurri
di un giardino troppo bello
quando anche tu
chinavi i riccioli scuri
alle carezze del vento.
Ricordi
quel rincorrerci
nel bianco del terrazzone
con le macchinine
e la balia
per dimenticare i capricci
ai soffi di un seno infinito?
Ma troppo
la baita ci ha aspettati
e i ruscelli puri
hanno rapito
i nostri piccoli piedi scalzi
perché il domani
ci ritrovasse confusi
nella monotonia di un mondo
già vecchio e ammalato
di noia.
Ed oggi(lo sai?)
quando il cuore piangeva
della più meschina rinuncia
mentre già ti piegavi
dietro ad un profondo dolore,
oggi ho ritrovato
nel tuo sguardo sfiorito
quella luce bambina
dell'infanzia più bella.

Born in May's Greenery

Born in May's greenery
in the month of the Virgin,
a daisy amid the small flowers
and lilies of the valley,
you flew alongside the Mayflies
in the great green beech.
It was easy
to mix you up with the blue flowers
of a too-beautiful garden
when you too
bowed your dark curls
at the wind's touch.
Do you remember
chasing each other
in the white glare of the grand terrace
among toy cars
and our nanny,
tantrums forgotten
in the steady breathing of her infinite breast?
Yet the cabin
has been waiting for us
for too long
and the pure streams
have kidnapped
our little bare feet
finding us confused
the following day
by the monotony of a world
grown old and sick already
with boredom.
And today (do you know?)
when the heart cried out
the slightest regret
while you were already bending
under a deep sorrow,
today I found
in your faded gaze
that childlike light

Speranza improvvisa
mi ha dato la forza
di continuare a combattere.
Con te.
Come prima.

of the most beautiful childhood.
Sudden hope
gave me the strength
to keep on fighting.
Alongside you.
As before.

A Enrico

In viaggio di nozze
andremo a Lora
– rispondo –
perchè oltre i campi
non c'è una strada
ma boschi.
E quando l'arancio
si spande
per il cielo pallido
sera e mattino
– e sera
risponde
a un trionfo di giorno,
il mattino
al tuo sogno –
io già ti vedevo,
tranquillo vagante,
tu che sei bello
come l'uccello che canta
e solo lo sento,
eppure
mi par di vederlo.
O mai si avverasse
questo sogno
di portarti laggiù
nel mio letto,
a capire che in te
è disegnato l'incontro
e che tu
mi seguivi da tempo,
vorrei che venisse
una morte
e di lì procedesse
l'eterno.

Marzo 1969

To Enrico

On our honeymoon
we will go to Lora
—I answer—
because beyond the fields
there is no road
just woods.
And when orange
spreads
across the pale sky
each evening and morning
—evening
answering
a day of triumph,
just as morning
answers your dream—
I'll be able to see you,
quiet wanderer,
you who are beautiful
like the songbird
only I can hear,
yet I think
I can see.
May my dream
come true
of taking you
to my bed,
to understand that our meeting
was foretold in you,
that you
had been following me for a long time—
how I wish a single
death would come
and from there lead
to the eternal.

March 1969

La luna d'estate

La luna d'estate
amano i caprioli
nati
non so quando.
La strage di foche
non ha senso –
batuffoli arrossati
a Primavera.
Oh Dio
spegni l'angoscia
di quel bimbo:
bimbo di foca
è morto
a bastonate!
E un cacciatore
di contrada
cadrà in un dirupo
e si spezzerà la gamba.
È nato a maggio
quando non sapevo
di essere bestia
tanto quanto loro.
Allora che sentivo
in ogni affanno
profondo il rimorso
di chi uccide.
Poi torna
a colorare
l'incoscienza
– uccelli in gabbia –
e canto ai canarini
e mi ridesto
sotto un glicine
viola,
che fa sera;
ma non importa:
domani torna luce
e torna il canto.

Marzo 1969

Summer Moon

The deer
born I don't know when
love
the summer moon.
The slaughter of seals
is senseless —
clumps of red
in Spring.
Oh God
end the anguish
of that pup:
a seal pup,
clubbed
to death!
And let a local
hunter
fall in a crevice
and break his leg.
He was born in May,
when I didn't know
that I was an animal,
just like them.
Back then, in every
breath I felt
the deep remorse
of those who kill.
Then
indifference again
returns
—caged birds—
and I sing to the canaries
and awaken again
under
the violet wisteria
as evening falls;
but pay it no mind:
the light will return tomorrow,
and the song.

March 1969

Non parlare
non fremere
non cercare
che i colori
son troppo passiti
e son particelle
perchè lumina
splendore
agli occhi fissati
nella mente.
Tu taci
e lo stesso tremore
non dobbiamo perderlo
ma accoglierlo piantati
ai nostri piedi.
Passerò Giugno a Lora
e Settembre.
La luna avrà sapore
infantile.
Classici pranzi alla terrazza
e ore vuote
nella mia stanza,
con lotta calcolata
alle zanzare,
ma non le uccido.
So di aver cantato lì
la prima volta
e rileggo quei versi asciutti
come si freme
a un rumore perduto.
Oggi
io ritrovo il mio senso.
Tu, Enrico, non ci sarai.
Chissà se veramente
rivivrai
in quelle stanze
di cui sei vivo
e porti l'immagine
di gioco serioso.
Mi domando se oggi
a Milano
abiti la stessa casa
vissuta da bambino,
e se la tua mamma
ti sapeva
come le azalee
che ho baciato,
quando non era troppo caldo
e il silenzio permetteva;
come al Gallio
fremeva nell'aria
coi fiocchi del pioppo
ambiente famigliare.
Una sera
può darsi
avrai guardato
tua madre annaffiare
sui fiori una finestra,
col davanti estivo.
E domani si parte pel mare
e lei sa che profumo usare,
che colonia,
tu che hai contato
i diamanti della fila,
le boccole, la treccia silenziosa
del seno.

Cerchiamoci in fondo,
se t'aiuta:
tua madre
m'ha parlato,
penso, allora.

Marzo 1969

Don't speak
don't tremble
don't go searching
as the colors
so faded
become particles
lumina
splendor
to the transfixed eyes
of the mind.
You hush:
we mustn't lose
this tremor, rather
embrace it, rooted
at our feet.
I'll spend June in Lora
and in September
the moon
will taste of childhood.
Regular lunches on the terrace
and empty hours
in my room,
with the calculated struggle
against mosquitoes—
but I don't kill them.
There, I could sing
for the first time
and I reread those fragile lines
as one shivers
at a faint sound.
Today
I return to my senses.
Enrico, you won't be there.
Who knows if truly
you will live again
in those rooms
where you're still
alive and playing
at being serious.
I wonder if today,
in Milan,
you're in the same house
where you lived as a child,
and if your mother
knew you
like the azaleas
I kissed,
when it wasn't too hot,
and the quiet allowed it;
how at Gallio
the air shimmered
with poplar down,
a familiar scene.
One evening
perhaps,
you watch
your mother water
the windowsill of flowers,
a summer neckline.
And the next day, we go to the beach
and she knows which perfume to wear,
which cologne,
you who counted
the diamonds in a row,
the lockets, the braid quiet
on the breast.

We'll look for each other there,
if you'd like;
your mother
said something to me
I think, just then.

March 1969

Parigi, Pasqua 1969

Ho incontrato il ragazzo di Marsiglia
– quello del Laos.
Conversazione martella
doppiata male.
Ed io ovattato
nella mia astensione.
Protratto per forza e le scale
senza indicazione, con
gli occhi ed il gesto
negati a sè stesso,
più tardi
quel signore non avrebbe pagato
(è un uomo in gonnella
che gli rinfaccia il conto;
tanto, non saprà
riconoscermi altrove).
Gravitano attorno
sintomi di vita notturna;
al frammentario accendersi
suggeriscono
un ballo in tondo: perché
il pensiero d'estraneo
si lascia trascinare. Ma
troverò questo taxi ?
quando dovessi rientrare …

La strada di Pasqua
conduce la gente
a Montmartre.
Porto la valigia
col tempo
d'un altro che marcia.
Nella sua casa
ha il sorriso – stereotipate le labbra –
e molte cose
di loro conoscenza.
Fuori dall'orbita mia,
gente vivente
si incontra.

Paris, Easter 1969

I met the guy from Marseille
—the one from Laos.
Our talk, poorly dubbed,
spins in circles.
And there I stay, muffled
in my reserve.
Extended by necessity and by
unmarked staircases, with
eyes and gestures
he denies,
later
that gentleman wouldn't pay
(a man in a skirt
arguing with him over the bill;
no matter, elsewhere
he won't recognize me).
Symptoms of nightlife
whirl around;
in scattered turn-ons
they suggest
a dance in the round: because
thoughts of a stranger
get carried away. But
will I ever find this taxicab again?
If I had to return…

Easter-way
pulls people
to Montmartre.
I lug my suitcase
in step
with another's march.
In his home
he smiles—with scripted lips—
among the many things
proper to them.
The living meet
each other beyond
my ken.

O bimbo,
bimbo della mia ora,
perchè non vieni
a tessere insieme a me
il pianto che riscalda?
Su e giù
per ponti e contrade
rifacendo lo stesso cammino
ad ogni angolo,
ad ogni spasimo,
speravo
che tu apparissi.
E ora
ti sento nell'ora,
come se tu venissi
e raggiungessi da lontano
la mia casa di Lora,
e bussassi alla mia porta,
con l'odore del mare nei capelli
e tanta indulgenza
come dono.

Perchè non vieni?

Sai, non è ancora sera
nè troppo tardi
per dirmi di sì,
persona col volto radioso
non ben definito,
persona che hai assistito
al mio spogliarello
e alla bella figura
dei tempi di scuola.

Persona:
affianca il tuo respiro diverso
al mio;
voglio il contrasto

O child,
child of my time,
why won't you come
to weave consoling tears
with me?
Up and down
over bridges and realms
tracing the same steps
at every corner,
at every tremor
I wished
you would appear.
And now
at this hour, I feel you
as if you were approaching
from afar, reaching
my house in Lora
and knocking at my door,
the scent of the sea in your hair,
bearing the gift
of kindness.

Why won't you come?

It's not evening yet,
not too late
to say yes to me,
radiant one,
your face blurred,
person who watched me
undress
every good impression
left from our school days.

Person,
let the rhythm of your breath
match mine;
I want the clash

del tuo odore,
del tuo colore,
del tuo bacio,
che assorbe il mio,
del tuo passato,
che sia galoppato più in fretta,
che sia stato cantato
in altro senso,
più volte
e sempre più libero.

Persona
vieni a riempire
il caldo del mio letto
– per sempre –
che vede appassire i miei colori
in uno sforzo,
senza di te.

Lora, 12 Settembre 1969

of your scent,
your color,
and your kiss
to absorb mine—
and your past,
which may have passed more swiftly,
which may have been sung
elsewhere,
many times,
more freely.

Person,
come to fill
the warmth of my bed
—forever—
come to see my colors fade
and wither
without you.

Lora, September 12th, 1969

Mi hanno insabbiato
fin oltre la notte crepuscolare;
e, forse,
perchè mi imbarchi sulla nave dei folli.

Ogni sera che io trascorro,
essa resta una sera di folli,
come mia madre e mio padre
avessero concepito a strappi
la mia vita,
come la voce che mi parlasse
fossero parole di Dio.
Ogni sera, ogni mattina
è la stessa lotta che io compio,
come se ogni sera, ogni mattina
fosse lo stesso giorno.

E, quasi una continua domanda,
di che natura sarà questa barca?
Quale temperamento cela?
Quali mari valicherà
e quali saranno i fiumi
che la vedranno riposare;
barca di folli
spedita all'approdo
di tanto sapore,
percorre il tragitto
con cento bandiere.

M'hanno appioppato
la bandiera più vistosa
e m'han coperto le mani deformi
con anelli gelosi;
ho gli occhi dipinti di miopìa,
con un asterisco in fronte
e un fiore solitario
sul sedere,
ho una catena pendente dai seni

They've buried me
far beyond crepuscular night—
perhaps so I might
board the ship of the insane.

Every night that passes
is a night of madness,
as if my mother and father
had conceived
my life in fits,
as if the voice speaking to me
spoke the words of God.
Every night, every morning
I undertake the same struggle,
as if every night, every morning
were the same day.

And—the nearly unending question—
what is the nature of this boat?
What temperament does it conceal?
Which seas will it cross
and which rivers
will see it at rest?
Boat of the insane
dispatched to such
exotic shores,
it sails a journey
of a hundred flags.

On me they pinned
the most flamboyant flag;
they adorned my twisted hands
with rings of jealousy;
my eyes are painted with myopia,
a star on my forehead
and a solitary flower
on my rear end,
a chain hanging from my breast

e un'altra
girata intorno al collo;
poi le orecchie
che paiono carezze,
come il respiro del mio naso,
come è tessuto strano
i miei capelli.

Ma, quando l'amore mi incontra,
esso volta via.
È come se parlasse
della strada interminabile
percorsa in mia compagnia,
e poi inghiottisse in una volta
tutto il rumore masticato.

Avrei scelto piuttosto una moto,
avrei offeso ogni ragione
per simboli di pace apparente,
non avrei mai confessato
questa mia idiozia.

E invece, m'han visto partire
come cogliessi al volo
un volo di farfalla,
e poi passeggiassi per pontili
di grandi metamorfosi.
Era la nave dei folli.
Ma, quel che è peggio,
m'hanno visto tornare,
e sorridere a volte frequenti,
perchè raccontavo il mio amore
e non capivo che eran tutti vogliosi,
ma senza averne la forza.

E si ricorderanno
d'avermi visto bambino,
sorridere come figlio diverso.

Ma mio è il patrimonio
d'ogni mareggiata

and another twisted
around my neck;
and then the ears
that look like caresses,
like breath from my nose,
the strange texture
of my hair.

But when love meets me,
it turns away
as if speaking
of the endless road
traveled in my company,
then swallows all in one gulp,
all the chewed-up noise.

I could have chosen a motorbike,
offended all reason
just to keep outward peace,
never confessing
this idiocy of mine.

Instead, they saw me leave
as if catching a flight
of butterflies, then walking
along the piers of
grand transformations.
It was the ship of the insane.
But, what's worse,
they saw me return,
and smile again and again,
because I was recounting my love,
and I didn't understand that they all felt desire,
but lacked the strength.

And they'll remember
seeing me as a child,
smiling like an altogether different son.

But the inheritance is mine
of every squall

e d'ogni tempesta,
e sarò più geloso del mio cuore,
d'ora in avanti,
pur mostrandolo tutto sul volto,
perchè ogni altro capisca
che aspiro aria di mare.

E domani
porrò una ragione sulla nave dei folli.
La ragione, che sarà forte,
somiglierà al sapore della mente,
e tutto il destino liberato
sarà mio patrimonio indiscusso,
come belli vedrò gli occhi
di mia madre.

Settembre 1969

and every storm,
and from now on
I'll guard my heart more closely,
even though I show it on my face,
so everyone will know
that inside me, I breathe sea air.

And tomorrow
I'll place reason on the ship of the insane.
Reason will be strong,
it will have sharpness of mind,
and all my liberated lot
will be my inheritance, without dispute,
and then how beautiful will appear to me
my mother's eyes.

September 1969

Abbordato ieri notte nella via

Ho paura della vostra solitudine.
Tu ti fa' avanti e tremi,
come non sapessero uscire
dalla tua bocca
le parole contorte che speri.
– Non è un discorso preciso
che volevo farti –.
Io so che il mondo è meschino
a non seguirti
nel tuo pellegrinaggio continuo,
che comincia coi giorni.
È come nessuno capisse
quanto pesi il marrone
dei tuoi abiti,
quanto pesi il marrone mio
nei nostri abiti.
Io, come te, con altra gente
a volte festosa – intorno –;
che non mi esiste
e che chiama a vuoto,
abbordo il solitario sparuto
nella notte e nella via,
per chiedergli,
come fosse una scusa,
se ha una sigaretta
e me l'accende.

Settembre 1969

Picked Up On the Street Last Night

I fear your loneliness.
You step forward and shiver,
as if the twisted words you wish for
can't escape
your mouth.
"It's not a clear thing,
what I wanted to tell you."
I know the world is petty
for not keeping you company
on your endless roaming,
which begins with the day.
It's as if no one understands
the heavy weight
of your brown pants,
my heavy weight
inside our pants.
I'm like you, with others—
festive, sometimes, around me—
they don't exist to me
and call out in vain
while I approach the slender
loner in the street at night
to ask him,
as a pretext,
for a cigarette
and to light it for me.

September 1969

In occasione del suicidio di T. L.

È ora tacita di morire.

Narra il mio pianto
riassunto
d'ipotesi assurde
– illusioni.
Crepata la sera
la noia –
chi cieco
sorride
al domani.

(E poi rifletto
l'invano tuffo
di questi giorni.
Gli amori
gioiosi
passano come sogni.)

Mi guardo.
Venata la mano
la morte –
rinserra
il mio cuore
parole singhiozzo.

È il modo
che adoro
sussurro – di sguardi
respiro
nell'onda di sera.
Mi passa,
il male travolge
rifugge
di tutto una corsa.
Trafelata
m'appello da anni
a una pace –

On the occasion of T.L.'s suicide

It is the quiet time of dying.

My tears narrate
a summary
of far-fetched theories—
illusions.
Boredom
as evening breaks—
while some smile
blindly
at the morrow.

(And I think of
the vain immersion
of these days.
Joyful loves
pass
like dreams.)

I regard myself.
My veined hand
enclosing
death—
my heart
sobbing words.

That's what I
adore,
a whisper—of glances
a breath
in the wave of evening.
It passes,
pain overwhelms,
it flees
the rush of it all.
Long have I
yearned
for peace –

d'affetto, d'intesa.

Voglio rivolgermi
al mondo.
È ora di farsi sentire,
la gente m'avverta
morendo.

Prati di fiori.
Prati di storie.
Stralcio di gioia e barlumi.
Vaga la mano fremendo,
raccoglie
la sua possessione.

Aprile 1970

for affection, understanding.

It is time to issue my plea,
to let people be warned
by my dying.

Meadows of blooms.
Meadows of words.
A shred of joy and flickering light.
The trembling hand searches,
recovers
itself.

April 1970

Occhieggia sunta fantasia

A Luigi Fedele

Occhieggia
sunta fantasia
e vuote
e propende
a lasciar le mani
schiave pendenti.
È sera
d'attorno;
come alle finestre
un'armonia
ci abbandonasse
al giorno.
L'essere eterno
si sperde
per l'aria e plasma
d'un tratto di sua luna
la presenza
di duemila cose
e dipinti.
Vede stendersi
e temprare
le ere e i cani.
Vomita una lava
puzzolente
l'incalzo quotidiano
e la rassegna
dei nostri appuntamenti
alla lavagna,
insano professore.
E addio, nel pomeriggio
lontano
domino e stritolo
la tua potenza.
Principessa io sono,
principe resto.

E man mano
che concorrano
e vadano a mischiarsi
i miei momenti
in lotte rassegnate
ed in tripudi,
si stende la palma
che mi preme
a cancellarti.
Io sono buono:

il mio dominio amaro
dovrai versarti.

Giugno 1970

Ogling shy fantasy

to Luigi Fedele

Ogling
shy fantasy
tends to leave
empty hands
hanging
without purpose.
All around
evening is falling
as if some harmony
at the windows
had left us
to the day.
The eternal being
vanishes
into air, and suddenly
whimsically creates
the shapes
of countless things
and paintings.
It sees eras extend
and dogs stretch
to take on new form.
It vomits a stinking
lava, the daily
pursuit,
the recap
of our tasks
on the blackboard,
the teacher gone mad.
And it's finished, in the distant
afternoon
I dominate and crush
your power.
Princess I am,
prince I remain.

And as my moments
come forth
to mingle
in resigned struggle
and in revelry,
the palm extends
urging me
to erase you.
But I'm fine.

You must decant
my bitter power.

June 1970

Mi passa per la mente
che siano vostri famigliari
raccolti nella pancia
di mia madre.
Concorre un rotolo triste
di tra le mani
e so che le convinzioni mie
sian tutte occorse.
Non allontanarti !
E al ramo di pesco
parlerai profeta.
Allaccia la luna tremante
che il laccio alla sera,
alla noia,
sostituisca
la mia solitudine.

Giugno 1970

It crosses my mind
they could be your relatives
together in the belly
of my mother.
A sad roll gathers
in my hands
and I realize all my beliefs
have passed.
Don't leave!
You'll speak a prophesy
to the peach tree.
And restrain the trembling moon
so that ties to evening,
and to idleness,
may take the place
of my solitude.

June 1970

Lode a Dio nel Giugno del 1970

O Dio
non essere
limpido
eterno
che in me
e nelle cose
di questo universo
cercasti concrezione
per amore
per amore
per amore
io ti ringrazio
delle mie lacrime
di comprensione
ove tu scorri
libero
vuoto
di tra il nucleo
e gli elettroni.

Prayer to God, June 1970

O Lord
don't be
transparent
or eternal
for in me
and in the things
of this universe
you have sought to manifest
love
through love
and for love
I thank you
for my tears
of understanding
where you flow
freely
empty
amid nucleus
and electrons.

L'acceso viatico
condona l'accesso
a Donovan
dopo che la sera
ha infuocato
i sassi inebetiti
sepolti
d'inverno.
L'angoscia
saputa trattenere
dalla pupilla
e dalla splendente
rigoglia
delle farfalle
d'un sogno perduto
di favole–
–dolci–melense,
s'assume
un compito
preciso:
di nuova coscienza
della mente.
L'attesa più vana
e il rimpianto
della partenza
del Canada
– e del suo umano
ritorno –
si perde a tradirmi
per sempre
quella mia forza
fuggente
come i momenti
d'un giorno.

Luglio 1970

The fiery viaticum
allows Donovan
to enter
after a night
setting fire
to the numb,
buried stones
of winter.
The anguish
held back
by the eye,
by a glittering
luxuriance
of butterflies,
a lost dream
of fable,
cloyingly sweet—
takes on
a specific
task: a new
consciousness
of the mind.
The most futile vigil
and regret
at the departure
of Canada
—and naturally,
at his return—
is lost in the betrayal,
forever,
of my own strength,
fleeting as
the moments
of the day.

July 1970

EXCELSIOR
PALACE HOTEL
30126 LIDO VENEZIA
TELEGR.: EXCELSIOR-VENEZIA TEL.: 60201 AL 60205 - 61245-61337 (14 LINEE) TELEX: EXCELIDO N. 41023

CIGA HOTELS

L'amore antico
lontano l'amore
e [illegible]
dopo che la sua
[illegible]
i suoi [illegible]
[illegible]
d'autunno.
L'angoscia
[illegible]
delle pupille
e dello splendente
[illegible]
delle [illegible]
d'un sogno perduto
di [illegible]
[illegible],
o donne
un [illegible]
[illegible]
di morta [illegible]
della mente,
l'attesa più vana

e il mio pianto
delle [illegible]
del [illegible]
— e della ~~[illegible]~~ [illegible]
[illegible] —
si perde e [illegible]
[illegible] e
quelle [illegible]
[illegible]
[illegible] momenti
di un giorno.

COMPAGNIA ITALIANA DEI GRANDI ALBERGHI

L'implacabile allegria

L'implacabile
allegria
d'ogni intramontabile
tramonto
e la sferzata
estasi delle statue
che mi attorniano,
più dure – più serie che mai
a seguitare
e perire
sfrontate
della circumnavigante
materia
raffreddata d'essere
e impotente
persino a liberarsi
dell'ultima polvere
che con un soffio
l'umana organizzazione
solleverebbe,
tutto ciò mi preme
se penso
che gli uomini,
percorso il cammino
dei trent'anni,
rinunciano
al triduo d'amore
per la noia di altri cento.

Luglio 1970

The Relentless Joy

The relentless
joy of every
timeless
sunset
the blasted
rapture of statues
all around me,
harsher-sharper than ever,
keeping it up
until death—
brash
in the encircling
matter
of naked life,
and powerless
even to free itself
of that last dust
that could lift
human toil
with a breath—
all this weighs on me
when I think
that men,
their thirty-year pathway
behind them,
yet renounce
love's patterned prayer
for a hundred more dull years.

July 1970

Dodicimila spiriti

Dodicimila spiriti
dell'argentino
attendono un'alba
dissodata ed umile
per ispirarsi
al Cantico
delle Creature.
L'assumersi della meraviglia
e l'ampliamento dell'occhio
che spande
il suo potere
per mari
e soli
e campi deserti di sabbia,
protende la mente
a dirsi
dove abbia termine
il suo potere
volendo.
La mente
circumnavigando
la schiava di sé stessa
e del suo essendo
traccia un panorama
incolore
dell'antiessenza
di sempre.
E il suo grandioso momento
vede inquadrato
nel tempo
che
in essa stessa
si tende.

Luglio 1970

Twelve Thousand Spirits

Twelve thousand silver
spirits
wait for a sunrise,
plowed and humble,
to be inspired
by the Canticle
of the Sun.
Embracing wonder
dilating the eye
that extends
its power
over seas
and suns
wastelands of sand,
stretching the mind
to wonder
where its power
might
end.
The mind
churning
a slave to itself
to its being
traces a faded
map
of everlasting
anti-essence.
And sees its grand
moment framed
in the time
the mind
itself
finds.

July 1970

La brodaglia
la Tessaglia
tutta la notte calpestata
dalla gente insonne
uniforme
mi fa aspirare
ai venti
che inviteranno
le porte di Lora
a danzare
sui loro battenti.
Sbattendo nel vuoto.
E la Tiziana
morendo di noia
Maria vagabonda
errando la sera
in terrazza
crocicchio
tre volte e ritorno,
e mi vado a inculare
nel forno,
ritorno
ai pensieri d'un tempo,
piccola filastrocca
di sogno,
nota del tempo
che vengo.

Luglio 1970

Getting trampled
all night in the muck
of Thessaly
by a massed, sleepless
crowd
makes me wish
for the breeze
that invites
Lora's doors
to dance
in their frames.
Slamming in the void.
There's Tiziana
dying of boredom
and Maria the wanderer
roaming through the evening
on the terrace
crossing over
three times and back.
And I go to fuck
myself in the oven,
go back over thoughts
of old times,
dreamy little
nursery rhyme,
a note from the time
when I come.

July 1970

EXCELSIOR PALACE HOTEL
30126 LIDO VENEZIA
TELEGR.: EXCELSIOR-VENEZIA TEL.: 60201 AL 90205 - 61245-61337 (14 LINEE) TELEX: EXCELIDO N. 41023

[handwritten note, illegible]

Bene!
10

Dal *Lamento di Danae* di Simonide di Ceo

Nell'arca serrata
travolta
dal vento impetuoso
e dall'onda
il terrore prostrava
la donna, tremava
il suo viso di pianto.
Stretto alle braccia
suo figlio,
gli volse la prima parola:
- o Pérseo
l'angoscia tremenda
invade il mio petto
e tu dormi!
Col volto puerile
riposi
nell'arca prigione;
lampeggia ai miei occhi
il tuo volto
distinto coi chiodi
di bronzo
nel buio cupo
e mugghiante...
Non curi
l'acqua marina
sbattuta
col flutto dell'onda,
continua, gigante,
si volge
di sopra alle chiome
col vento,
un sibilo
unico eterno,
spina pungente
d'argento,
tu giaci
col volto giocondo
nel nostro

From *Danae Fragment* by Simonides of Ceos

In the closed coffin
overcome
by the impetuous wind
and the waves
terror blasted
the woman, her face
trembling with tears.
Clutching her son
in her arms, she addressed
him for the first time:
Oh Perseus
terrible anguish
pervades my bosom,
and yet you sleep!
With your guiltless face
you recline
in the prison-coffin;
your face flashes
before my eyes
sharpened by
bronze bolts
amidst the roaring
black gloom...
You don't notice
the blasts
of sea water
in surging waves,
incessant, gigantic,
the spray
of surf overhead
the eternal hiss
of the wind,
a stinging
silver thorn—
your face tranquil,
you repose
in our
purple robe.

purpureo mantello.
Sapessi
cosciente del tutto
terribile ora sbarrata
cogli occhi rivolti
nel nulla
cercare parole
al mio ascolto.

Ti prego, piccino,
riposa,
riposi il mare
e l'angoscia, si fermi
la corsa tempesta,
atterrita m'afferro
alla barca,
non ho più ragione,
ragione!...

E venga un freno
divino ...

Perdono
alle vane parole!
Contrarie
alla furia del vento,
giunte all'estremo
riflesso...

Agosto 1970

If only,
shut in the terrible hour
with eyes turned
to nothingness,
conscious of it all,
you could find words
for me to hear.

I beg you, little one,
rest,
let the sea rest
and this anguish, let the storm
stop its race:
terrified, I cling
to the vessel,
I can no longer think—
no longer! ...

May divine
intervention come...

Forgive me
these vain words!
They are against
the raging wind,
they have reached
their final echo...

August 1970

Le stelle
che la notte ha trapunto
le stelle
che la notte ha soggiunto
guidano il mio pensiero
a un'ottimale fonte.
E sapere
che il perdersi della mia mano
traccia
un disegno di tondo
finito e ritorno,
ogni mio sogno
si perde
a contemplarti,
o mio Dio, o mio sogno,
che non esisti.

Agosto 1970

The stars
stitched by night
the stars
night provides
guide my mind
to an ideal source.
And knowing
that in losing itself my hand
draws
the shape of an arc
complete with its return,
my every dream
is lost
in contemplating you,
O my God, O my dream,
who do not exist.

August 1970

Sanguisuga
fragile
e affannata
ricama della sua
comprensione
ogni incanto.
E gli attimi
fuggevoli assorbe,
per farne
di tutti i suoi giorni
la trama.
Assetato fiume
nostalgico
e prepotente,
inerte difronte
alla propria essenza,
scorre il mio sangue–
–ragione
al fine
che d'ogni momento
tragga
la sua conclusione.
E piange di rabbia
modesta,
guardandosi
indietro.

Agosto 1970

The fragile
and laborious
leech
embroiders
enchantments
with its
comprehension.
It absorbs
fleeting moments
to make them
the plot
of its days.
A thirsty river,
nostalgic
and overbearing,
inert when facing
its own essence,
my blood flows
— reason
draws
from every
moment
its conclusion.
And it weeps
in measured anger,
looking
back.

August 1970

Poesia del diciottenne

Combattute immagini
di Pavesini
straripano
in una considerevole estasi.
Forse c'è un nesso
col Bel Paese.

Oh Denis, oh Denis!
L'aquila
che alata si rifugia nel tuo cranio
di perduti possessi
ritenta
di tessere il volo.
E la spina
che maligna si conficca
e ripete un dolore nascosto
nell'ombra
del giorno,
è l'ago riposto
delle mie cure,
la mia perpetua sera,
il suo tramonto.

Agosto 1970

Poem by an 18-Year-Old

Garbled images
of Pavesini
overflow
in considerable ecstasy.
Perhaps there's a connection
with Bel Paese.

Oh Denis! Oh Denis!
The eagle
that, winged, takes refuge in your skull
of lost possessions
tries to weave
her flight again.
And the thorn
that maliciously embeds itself
and persistently inflicts hidden pain
in the shadows
of the day,
is the concealed needle
of my cares—
my endless evening;
its setting sun.

August 1970

Oh
l'estro di una plurigenerata
antitesi
tra l'arcobaleno
e il volto di Satana!
Sabbioso dominio
del mondo
contrario alla comprensione
estiva del suo sguardo.
Straripa
d'angoscia
il mio cuore
ora che il tuo dominio
perpetuamente invoca,
e la tua mano prensile
soppesa la mia sofferenza.

Agosto 1970

Oh, the spur
of an overdetermined
antithesis
between a rainbow
and the face of Satan!
Sandy realm
of the world
opposed to the summer
knowledge of his gaze.
My heart
overflows
with anguish
now that your realm
makes continuous appeals,
as your grasping hand takes
the measure of my suffering.

August 1970

La sabbiosa ipotesi
in cui si consumano
anni consulti
in naufragante
attesa –
la sera riporta la nave
alla tempesta
serena.
Traboccante d'angoscia
ripetuta
e ormai esausta
a rassegnarsi
a conoscenza
rigorosa spera
la mia mente
affermarsi
in strepitosa scienza
del suo volere.
Ed uomo sento
perpetuamente
esisto
conciliando
il potere mio
la mia sommessa
pietà – l'affetto
alla credenza
di ciò che non conosco,
benchè ne senta,
per dono
perduto d'infinito,
nell'ampiezza
di ciò che non è cielo
e non è terra.

Agosto 1970

One muddled
question consumes
our years conferring
in a shipwreck
of waiting—
evening returns
the ship to a serene
storm.
My mind—burdened
with repeated
anguish and as of now
unable to resign
itself to rigorous
knowledge—
hopes
to assert itself
in the resounding science
of its own will.
And I feel human
perpetually,
I exist
reconciling
my power,
my subdued
pity—my affinity
for a faith
in the unknown—
although I feel it
as a gift
lost in the infinite,
in the vastness
of what is not sky
and not earth.

August 1970

La nave

Procedendo
raccogliendo
fremendo all'estasi
talvolta, di sè stessa
e dello splendore
della mano – dell'unghia –
del mare – del possibile
esser giovinetta,
nascosta
cuocente
al tramonto, la sera,
la notte, il mattino,
nel giorno,
fuggita duecento
e trecento,
amica d'un sogno
e del senno,
la nave
propende le porte
d'un altro monotono
viaggio :
sobbarcata a fatica
dal mondo.

Agosto 1970

The Ship

Moving ahead
gathering
trembling in ecstasy
sometimes, for herself
and the brilliance
of the hand—the nail—
of the sea—of all that's possible
to be a young girl
hidden,
basking
in the sunset, in the evening,
night, morning,
throughout the day,
two hundred escaped
then three hundred,
friend of delusions
and wisdoms,
the ship
leaning on the verge
of another monotonous
voyage:
undertaken
with unease, from the world.

August 1970

Circumda et ama, 8

Poesia del mio amore in occasione di C.

Fra le tue braccia
rimbalza
l'ora repressa
delle mie parole.
M'hai preso
fra le dita
prima i capelli
poi il corpo;
tu taci
e ascolti curiosa
il mio sorriso di niente.

La notte è fuggita
avanti.
Io la seguo titubante
tastando
la tua comprensione.

In un bacio
morirò d'amore.

Scivola
lungo il mio corpo
il piacere,
poi torna ai capelli.
Tu sei il mio fungo,
il mio pesce.

Tu sei di anni passati
inondando
le cose ignare della
notte – il cuscino –
del mio galoppo.

Una volta,
in riva al mare,

Circumda et Ama, 8

A Love Poem for C.

The repressed hours
of my words
leap
into your arms.
You've taken
my hair,
then my body
into your hands;
you are quiet,
curious, attentive
to my smile at nothing.

The night flees
ahead.
I follow tentatively
seeking
your understanding.

In a kiss
I will die of love.

Pleasure
slides
along my body,
right to my hair.
You are my mushroom,
my fish.

You are the years spent
flooding
the dull things of
night—my pillow—
with my riding.

Once,
by the sea,

mentre la spiaggia spopolava,
m'hai raccolto,
scegliendo
le mie gambe fragili
e senza senso,
per insegnarmi a librare
la mia leggerezza
e a mangiare l'acqua
e i profumi dell'aria.   CIRCUMDA ET AMA, 8

Settembre 1970

while the beach grew empty,
you picked me,
choosing
my frail, senseless
legs,
to teach me to float
my light frame
how to swallow water
and the scent of the air   CIRCUMDA ET AMA, 8

September 1970

In occasione di Corrado

Il bimbo
ha sollevato
un turbine.
La palla sfortunata
scoscesa la ripa
s'addormenta.

Non abbiamo più giorni,
più ore.

Piano
solleverò la testa
fidata
per ammutolirmi
e cercare umanità
negli occhi,
che in fondo esiste
e contiene
il singulto terrificante.

Assente.
È stata scelta
la mia mano
per questi momenti.
Assente,
che la colga
o trascini.

Assente.
Ho un caldo forsennato
ai piedi, di pace.

Settembre 1970

On Corrado

The child
stirred up
a whirlwind.
A luckless ball
rolls down a steep slope
and dozes off.

We no longer have days,
nor hours.

I lift my head
slowly,
trustingly,
to calm myself
and search for what is human
in the eyes, something
that exists deep down
and contains
the terrifying sob.

Not there:
my hand,
made
for these moments.
Not there:
that it might hold on,
or pull along.

Not there.
I'm mad with fever,
down to my toes, for peace.

September 1970

La persona cui le parole sono rivolte è Corrado

(Ho paura!
paura!)
Per confidarti
la mia solitudine
fino ai capitoli,
ho bisogno di saperti distante
e giacere contornato
a ripescarmi, solo.
Ma chi, chi mi sente?
Io danzo stretto
in affannosi slanci,
invano.

Da tini
l'acqua buttata
rovesciata a bidoni,
e

raggi d'un sole
beato di primo mattino,
cavalli che strepitano
riempiono ormai
saloni devastabili.
Avrò coraggio
di scindermi
e addormentarmi?

Sono ore notturne.
Abbandono la mano
a trespoli
dove non arriva l'immaginazione.
(Mi domando
perchè debba cercare
così lontano; e ci resto.)

Costruttori edìli
e metalmeccanici in fila
finiranno col mio appiccamento.

La vita boriosa dell'operaio!
Io smanio libertà!
libertà! Soppesami,
sballottami, nitrisci con me
imitando il mio pianto,
una voce accorata
mi taccia... La voce!

Tu, rassegnato,
conosci e ripassi
il tuo passato.

Ma l'agguato teso
è un inganno,
perchè non esiste amore
tra il non essendo
e tu che ti trascini.
Eppure:
ascolta il mio singhiozzo,
rifletti
attorno ai pascoli
dei mondi...

Che cosa d'entrambi gioisca
a scivolar sottile,
– forse la giovinezza? –
narra col calore
rosso alle mie guancia
un nuovo procedimento.
Un sogno? Sappi
acquietare
la mia voce, come sei padrone
delle carezze, e vibri
il mio corpo. Guardami:
sto sviscerando
il mio sentire!

Pescatori di perle

The person to whom these words are addressed is Corrado

(I'm afraid!
    afraid!)
To share
my loneliness with you
line by line,
I need to know you are distant,
and lie down curled up
to find myself again, alone.
But who is listening?
Tense, I dance
in frantic dashes,
in vain.

From tubs
discarded water
spills into barrels
and

the blessed
early morning sun beams
while shuddering horses
already fill
clamorous stalls.
Will I dare
to shatter myself
and sleep?

Night.
My hand hangs
on ledges where
imagination can't reach.
(I wonder
why you have to search
so far away; I'm right here.)

Construction workers and
metalworkers are all lined up:
they'll end up lighting me on fire.

The proud life of the worker!
I crave freedom!
Freedom! Put me on a scale,
toss me up, whinny with me
and mimic my tears,
let a heartfelt voice
quiet me… what a voice!

Resigned,
you ponder and revisit
your own past.

But the ambush
is a deception,
because there's no love
between not existing
and you dragging yourself along.
And yet:
listen to my sobs,
and ponder
the world's
pastures…

What is it in us
that rejoices in this subtle slide?
Youth, perhaps?
The hot
flush of my cheeks
signals a new routine.
A dream? You know
how to calm
my voice, you are
the master of caresses, and make
my body shake. Look at me:
I'm picking apart
my own feelings!

Pearl divers will come

verranno a baciarmi
la nuca, cogliendomi
fra i denti
il mortale sguardo.
Affido ad essi
l'estremo coraggioso
ricordo, di quando
non saprò contenermi.

Settembre 1970

and kiss the nape of my neck,
holding the mortal gaze
between their teeth.
To them I entrust
my last brave memory,
for when I can govern
myself no longer.

September 1970

A Corrado, ponendo che io muoia prima

Io ti amerò,
ti amerò !
quando, sciolti
gli umili resti
al giuoco della terra,
io sarò nulla di nulla,
libero da ogni amore.
Quando, sfumato il
soggetto delle
mie forze nell'ultima
energia – perché si conservi,
è un principio ! – tu stesso,
svincolata dal mio possesso,
piangerai la tua vuota
indipendenza.
Libero senza alternativa,
non avrò nè io,
conoscenze né
voglia.
Solo allora, a te stante
amandoti, privo di mistero e fascino,
il mio non-essere
cullerà tranquillo il teso mondo,
che, nell'affanno di un neonato,
si strugge dell'origine, e non gli
si pone d'essere senza principio,
talmente essendo ...
Si filtrerà nell'universo
la vacua forza, che l'uomo solo
drammatizza in essere.

Ottobre 1970

To Corrado, Assuming that I Die First

I will love you.
I'll love you!
when, with my humble remains
dissolved
in the earthly game,
I am less than nothing,
free from any loving.
then, the core of my
strength dwindling
in a last rush
of energy—conserving itself,
as it must!—you yourself,
released from my possession,
will mourn your empty
independence.
Free and with no alternative,
I'll lack all
knowledge and
desire.
Only then, loving you
for yourself, stripped of mystery
and allure, my non-being
will gently cradle this tense world,
this world that, in its newborn agony,
mourns its own origin, yet cannot be
without a beginning,
being as it is…
The vain force, which man alone
plays into existence,
will drift into the universe.

October 1970

Urli del possesso (?) – Autunno

La martingala tumefatta
desidero
per coprirmi i geloni.
Ogni pallore
di scorza durissima
e blasfema, che
s'ergerà a impazzare,
brucia d'un fuoco dei tempi di Giugno.
Laggiù la strada di San Marco
pare uno staglio di vette
umane e i colori
hanno una parvenza che se ne frega.
L'azzurro oggettivo
comunica stasi
al mio temperamento istigato
ad una speculazione
all'indietro,
allacciata a un macigno –
bidone mio interno.
Pure l'attorno del cuore
nella sera rimasta a casa di Pero
– pochi minuti – FranK Stella,
l'abbaglio trascorso e costante,
concepito a ferire e ricordo,
io taccio d'essermi
lasciato penetrare
e in mistica (?) invasione
temere di
quel Cristo e del suo
maestro.
Tacete intellettuali !
Voci di voce di notte, di fase
ancora temperata e di ritorni,
quando la notte
reperita dalla mia veglia
ha colori tersi, ghiaccianti,
confusione, ma non più buio !
(e voi parlate penduli,

Cries of Possession (?)—Fall

I'd like a swollen martingale
to cover
my chilblains.
The whole pale
shell, rugged
and blasphemous,
liable to rise in rebellion,
burns with the fires of June.
Down there via San Marco
seems to cut through human
peaks, with colors that look
entirely carefree.
Objective blue
signifies immobility
to my temperament
bent on backward
speculation—
lashed to a boulder—
the trash can of my insides.
And yet around the heart
that night back at Pero's
—for a few minutes only—FranK Stella,
the dazzle gone and ongoing,
made to sear the memory
quietly letting myself be
penetrated
by a mystical (?) invasion
out of fear
of that Christ, and of his
master.
Be silent, intellectuals!
Voices of the night's voice, of a phase
still tempered by recurrences,
when the night
my wakefulness discovers
is all in limpid, frozen colors—
chaos, but no longer dark!
(and you keep talking, puffing up

bruscoli,
ballerini, pagliacci !);
quando il buio è
una preghiera di chi,
anziano,
non riesce ad assuefarsi
al suo creato, e più
dominandolo
più n'è possesso: finché, senza
produrne il motivo,
dell'autunno allacciati i feroci emisferi,
si per … d

Ottobre 1970

particles,
dancers, clowns!);
when darkness is
the wish of an
older person
who isn't content
with his creation, and the more
he dominates it,
the more it possesses him: until, without
providing a reason,
the fierce hemispheres of autumn become tangled,
and damn, he's los...

October 1970

La morte di zia Dora

Riassunto di vaghe
proterve sentenziose ...
È un approccio lontano
e favoloso,
da film muto.
Ma perché così pacata
risponde a me
affannato
protendente le mani !
Viaggio celeste
e morsicato
tra agitate persone
assenti, temendo
il cuore – seguisse una
sua strada.
Oh straziami,
straziami ancora !
Poi la parentesi, silenzio, coma.

Oddìo.
Ma tu desolata
porti vesti di sempre
nere nell'approccio
– ripeto –
assolato annebbiato
lontano.
Il mio vetro coglie,
Dora, la sera eterna
dei suoi perché, dei
giorni ripetuti a sé
tornando.
Io ti
resusciterò,
per Cristo !

Io piango.
Pascola l'ultima stasi
la marea lontana, di cui sei parte.

The Death of Aunt Dora

Compact and gentle,
fierce and deliberate...
A fairy-like
approach from the distance,
as in a silent film.
But why does she so calmly
respond to me, as I
frantically reach out
my hands!
Celestial,
bitten journey
among agitated,
absent people,
the heart fearful;
may it find its way.
Oh, tear me apart—
tear me apart again!
Then parenthesis; silence; coma.

Oh God.
But you approach,
desolate, dressed
as usual, all in black—
I repeat—
in full sun, shrouded in mist,
in the distance.
My glass captures,
Dora, the eternal evening
with its whys and wherefores,
days that repeat
and return.
And
I will resurrect you,
for Christ!

I'm crying.
Final stasis dwells
on the distant tide, of which you are a part.

Non raccoglie la mia attesa,
mi suggerisci
l'affocato tondo.

Ottobre 1970

It does not welcome
my vigil; you signal me,
a fiery circle.

October 1970

In occasione del processo a Pio Baldelli, direttore responsabile di "Lotta continua", 9 ottobre 1970

Mi dà l'impressione
di cogliere
il pelo d'un vuoto.
Andiamocene tutti
a salutare Donovan,
perché la luce è accesa
(non ci sarà nessuno)
nella stanza.

Mi dà la voglia matta
di librare la cacca (stronza)
con la cartella.
I figli dei padroni
vagano sorrisini.
La folla smania
la loro testa vuota,
trascina il proletariato
le mie cartelle
per scalinate e straripi.
Dove sto in piedi.

Mi sono affidato in un sogno
alla macchina dai
tre volanti.
Una buona famiglia borghese
si è trasformata
operaia.

Si segue da anni
l'aria di lotte – in autunno.
Ho brama
di sentirmi
le mani impregnate
d'uno spazio piano.
La sabbia.
Tracciare la luce
nuova

On the occasion of the trial of Pio Baldelli, director of *Lotta continua*, October 1970

It feels
like nitpicking
in the void.
Let's all
go greet Donovan since
the light is on
in his room
(probably no one's there).

It makes me itch
to fling off this shit (asshole!)
and school bag.
The children of the bourgeois
have vagrant little smiles.
The restless crowd
with empty heads
drags the proletariat
and school bags
up staircases and overflows.
Where I stand on my own two feet.

In a dream I entrusted myself
to a car with three
steering wheels.
A good middle-class family,
turned
blue collar.

For years we've followed
the scent of struggles in the fall.
I crave
the feeling
of my hands filled
with empty space.
With sand.
To trace the new
light

d'una gente senza sbalzi,
d'un popolo di teste
uguali – e di berretti,
dove, inginocchiandomi,
accettino i miei bisogni, e la
masturbazione calda,
fra gambe e gambe,
in terra.

of a people without imbalance,
a people of equal
heads—and hats,
where, when I kneel,
they accept my needs,
and the warm masturbation,
leg against leg
on the ground.

"Geisha". Tu dici?

Quando faccio all'amore
sono come la sua coda
che il gatto desidera
acchiappare.
Ma nel languido
movimento del ventre,
io allaccio il miraggio
e lo specchio all'amante.
E scivolo via,
come corrompesse
un'immagine di zucchero
smagliato, caramello,
fragile.

All'illusione degli altri
io sputo in faccia:
e mi levo annoiato.
La tua introspezione, l'attesa,
ha smesso d'infuocare
il mio pietismo:
ora, che amante o l'altro,
non cerchiamo più
insieme.

Ottobre 1970

"Geisha," You Say?

When I make
love I'm like
the tail of a cat
chasing its own tail.
But in the languid
swerve of my loins,
I fasten a mirage,
a mirror of the lover.
And I slide
away, as if twisting
an idea of torn,
sticky, fragile
sugar.

I spit in the face
of others' illusions:
bored I rise, bored.
Your introspection, this vigil
no longer disturbs
my composure:
now that lover, or something other
search together
no longer

October 1970

La mano

Sfrontata
segue la traccia
d'un plurivariegato
esilio.
E quando
la mano s'arresta …
Tutto tace
oltre i monti
e i pascoli montani
e i desideri lacustri
immersi
in vicendevole sintesi
di sentimenti,
eternamente scolpiti
in squallide rassegne
d'avvenire.
E la mano che tremula
riprende il cogito
e l'arrestato
filo,
come perversa ed indecisa
s'indegna
di fronte
ad uno specchio.

The Hand

Brazen
it follows the trail
of multifarious
exile.
And when
the hand stops...
all is quiet
beyond mountains
and mountain pastures
and lakeside desires
immersed
in a symbiotic synthesis
of feelings,
forever carved
in mundane summaries
of the future.
And, trembling, the hand
that resumes its course,
its thread
torn,
hesitant and perverse,
fills with indignation
before
a mirror.

Neàm

Posso, sforzandomi,
distinguere quella farfalla
– la pala occhioaragosta –
la forza fa presa : Neàm !
Se vuoi, oltre mi spingo
a considerare il docile
balbettare
dell'ali – fa presa la forza ! –
sfumato contagia il lampione
che il volo avviluppa,
estraneo.
Il limite delle parti
esclude il profilo del freddo,
mentre un sonno e la nausea
s'addentra.
Da ore l'intralcio della città
e il pulso di Neàm
premono sul guidatore.
Io partecipo al saliente.
Qualche giorno, d'inverno,
mi si riprovano le farfalle.
– Buon giorno ! Buon giorno ! –
Neàm.

L'Andruszkiewcz
patita sul letto
interpreta
lo scabro desiderio che m'atterra,
tradisce l'attesa
proposta scurrile. "Se
te la fai con quello,
finiamo alla TV".

Ho riscoperto il tondo prezioso
del calice di Neàm.
Un tuffo è nuotarci dentro
ma senza che nessuno
– attenta ! –

Neàm

With an effort, I can
just make out that butterfly
—the *pala occhioaragosta*—
and strength takes hold: Neàm!
If you want, I'll go further
and consider the docile
stammering
of wings—strength, take hold!—
half lit, it infests the street lamp
its flight envelops,
an outsider.
Its confines
keep out the cold,
while sleep and sickness
set in.
For hours the tangle of the city
and the pulse of Neàm
weigh on the driver.
I am in this moment.
At times, in winter
butterflies resurface.
—Good morning! Good morning!—
Neàm.

Andruszkiewcz,
spent on the bed
gives words
to the naked desire crushing me,
betraying the expected
vulgar proposition: "If
you get it on with that guy,
we'll end up on TV".

I rediscovered the precious circularity
of the cup of Neàm.
Dive in and swim,
but— careful!—
don't let

se ne avvedesse.
Troppa altra gente risponde
a Neàm.

Neàm – Neàm.

Un'eco che fa parte
delle stesse prove totali. Neàm
ha saggiato la luce in una strada
sozza; e l'acido le ha provocato
– dicono –
marcanti visioni. (Sangue di Budda !
provocatori del silenzio: uditemi !)

Atterrita
l'ha lasciata carpendo
la sua forza di palo – il misero
acciaio che sburattinava
l'argento del mollusco.
Ora è tornata
a essere cosa di terra.
In essa si filtrano
i naturali umori
senza struttura che incidono
l'ultimo sforzo, sottentrano
ogni tensione.
Neàm. Placida e calda, zolla
di terra, zona del mio
corpo. E vattene.

Dicembre 1970

anyone know.
Too many others answer
to Neàm.

Neàm, Neàm...

An echo that belongs
to the very all-encompassing trials. Neàm
sensed the light of a filthy
street; and acid—they say—
induced her
to have striking visions. (Blood of Buddha!
provocateurs of silence, listen to me!)

Terrified
she left her, stealing
her core strength—the scant
steel that bent
the silver of the mollusk.
Now she's back
to being an earthly thing.
Through her filter
natural fluids,
without structure, carving
a last effort, as they replace
all tension.
Neàm. Placid and warm,
clod of earth, part
of my body. Begone with you.

December 1970

Quando
assetato
mi rupperò le vene
per bere del mio sangue,
l'interazione – Fàrsalo –
si chiuderà in me stesso.
Chissà se circollocuzione
degli spazi ancora mi tra=
scinerà in desiderio. O del tondo
supremo concepissi
mirandomi la spinta.

Raggi di ragnatela
inghiottiti dal loro
insetto, avrete un bel fare
a chiamarmi: io non v'udito !
Ma:
se perdo il fenomeno
chi sono me stesso...

Edìo annegandomi:
non permane svuotata
mente d'angelo. La pura forma
innata, sciolte al gioco
del plasma l'intelletto, non coglie
neppure l'accartoccio

spirale
di cialda surreale
che non sussista.

Febbraio 1971

When,
dying of thirst,
I'll have ruptured my veins
to drink my own blood,
the admixture –Pharsalus–
will envelop me.
Who knows whether a circumlocution
of space will still trans-
form me, sliding into desire. Or if,
watching myself push,
I'll reach the highest circle.

Spiderweb rays
swallowed up
by their insect, you'll have a wonderful time
calling out to me: I can't hear you!
But if
I miss out on the phenomenon,
then who am I…

And I, drowning myself:
the mind of an angel
cannot remain empty. Innate
pure form, intellect free
in the plasma game, can't grasp
the sudden collapse,

the spiral
of a surreal ring
that may not resist.

February 1971

L'anitra - Quand je parle personne ne me comprend

La miseria richiesta
d'una povera anitra
dissetata
ad ascoltare
le trame degli altri,
si raccoglie
talvolta ad aspettare
il passare e ripassare
dei fatti.
Tradita più volte
ed implorante
d'un soggiacente
idillio con sé stessa,
l'anitra rifugge
dal pensiero
d'essersi sperduta
in un mondo
ove natura e lo stagno
si avanza.

The duck. Quand je parle personne ne me comprend

The meagre entreaty
of a poor duck
thirst quenched
from listening
to the plots of others
at times collects
in the wait
as events occur
and reoccur.
Many times betrayed
and begging for
an underlying
idyll with herself,
the duck flees
from the thought
of being lost
in a world
where nature, and the pond
move on.

Dolore

I drogati
passano in una via
toccano
le tette delle donne.

Non sono un drogato.
Ho sdrucciolato
su una caviglia.

Marzo 1971

Sorrow

Addicts pass
in the street,
touching
women's tits.

I'm not a drug addict.
I slipped,
twisting my ankle.

March 1971

La Lóriga ha ritrovato un portafoglio
che ho perso da lei
quando era giugno.

Non mi scuota ad
andarlo a ripescare;
il passato m'oppesa
già troppo
in questo silenzio appena
bilanciato.

Marzo 1971

Lóriga found a wallet
I'd lost at her place
back in June.

No way she'll rouse me
into going to retrieve it;
the past oppresses
me too much already
in this silence
precariously kept.

March 1971

Entropia
energetica distribuzione
disordine
equivale equilibrio.

Ma non so
cosa sia un elettrone
malgrado la massa
densità – volume –
raggio.

Marzo 1971

Entropy:
energy-filled distribution
disorder
in equilibrium.

But I don't know
what an electron is
in spite of mass
density—volume—
radius.

March 1971

Pur anco sono e solo

L'adiaccio
inadeguato adiaccio della leporina
si troverà Moreno
il tuprefatto che m'hanno
sconosciuto per lui stesso in uno approccio
poi subito deluso
in l'altra sera.

L'oh non t'accoppiare
forte dei centomila! Ohi ohi!
ritiro. Stillino
Gigiossi Gigi Bossi Ciciossi
maschiossi/ partita/ la pula
serena poltiglia gli vada giù giù
ove si spina a cotanto
fervore: assassino!
Ho godicchiato gioiendo
pirla di questa
serina.

Aprile 1971

Untranslatable: we decided against publishing an English version of this and one other poem in the collection, due to the predominance of wordplay and abrupt dialect/standard shifts that elude translation.

Lava il tu' panno in del ritiru

Fuor dalla finestrucola
la quadrucola
della casupola
d'altro facciato.
Ohimoi/ porcaccio iddìo!

Sulla ciécula/
la spazia s'è fatta azzurra/
col ridondare/
dello tempaccio.
Aggio pur sete e stràculo
strabùcolo
con un certo vuoto da calore
(come la gatta Mina)
sia nel buco del culo
che manco a dirlo
nella pettorina del sentimento.

Aprile 1971

Lava il tu' panno in del ritiru

Outside the little window
the square frame
of the little house
opposite.
Oh my! / God damn!

On the blind sky/
space turned blue/
with the redundancy/
of lousy weather.
Still I'm thirsty, and wiped
dragging myself along,
weak like I'm in heat
(just like the cat Mina)
in my asshole
and, it goes without saying,
in the smart bib of my feelings.

April 1971

Venezia, Maggio 1971

con Kucki e Tiziana

Di anno in anno
degrada
in quest'estate.
E si passa attraverso
il periodo
d'irrùme da
fieno.
Sotto il lavandino
abbiamo un bidino
e il pitale.
Pensione Calcina
istasi calcinare –
flambettìo delle acque
urtanti ribordi
il canale. È
l'acqua,
mancando un substrato
si torna a pescare
– e
si potesse addentrare
ulteriormente
la nuva di piacqua
che muove il nottale
entro i rivi
del corpo. Salpa
la vena
di
dentro il cazzo stantìa
come la vena
del mare. Il lumino
d'un lampionario
verseggia nel mare
e – l'addominio
di tutto.

Venice, May 1971

> *with Kucki and Tiziana*

Year to year
summer
decays.
And the season
of hay
fever
passes.
Below the sink
we have a small bidet
and chamberpot.
Pensione Calcina
histamine of heat—
flaming waters
shocking edges
the canal. It's
the water,
lacking a substrate
we go back to fishing
—and
may it penetrate
further
the fluff of water-desire
that moves the nocturinal
through the streams
of the body. It sets sail
the vein
in
side the cock straight
as a vein
of the sea. The little beam
of a lamplighter
pours its chant into the sea
and—the abdomain
of it all.

La razza superiore

Per fatto che sia
la scarna sete d' i suo viso
l'uomo cu volto rientrante che conosce
la fossa de' serpenti o i pubblici sgabetti
in piazza Duomo, quest'uomo è nnobile.
Cuma intanti si facessi ra sega
pur anco in solo, in ché null'altro isdegni
scarto in zuo l'aspetto, e quando in prè lo spasmo
più vitale si conzideri, ecco il vero innobile,
il vero cavaliere da parata!
Qualche sfilza di mattani geni,
perseguitati da serve del morale
(" u giovinettu, giovinettu anche
    che fa la faccia pur da giovanettu,
    u che faccéte vu' cusì
    a presso, quando di pusto
    ce n'è assé distante ? ")
e la rigente
offesa in chi gli male. Il profissor vicchissimu
chi riscende poggiato in sul bastone
qui po' scale
e ha un fulardo che gli pende il collo
– xxx rosa (di sete indiane) –
i si tradisce ispudorato,
et tanto
ma pare raggiante in della sega,
in più chi gli è dell'impastata coppia
hippiterosessuale, immirata
nel parco liberale – di Londra,
ove per socialar l'amore
lecito gli si dà gran pascolo.
O gran balbusie
senza motivi turníti e nnaturale
dell'uomo parvolo che m'ha seguito
e in visto a far la sega cui
assistito, pur fosse di lontano, gli avea
bastato a dirmi cose chiare,
che stando immè saréa sentì beatu.

Untranslatable: we decided against publishing an English version of this and one other poem in the collection, due to the predominance of wordplay and abrupt dialect/standard shifts that elude translation.

O quale esalazione d'acchiarezze
quest'"orrido" spettaculo d'occhiuti, illan=
guiditi faccie d'egoisti !
Tutto mi suggerisce la gran forza
di razza superiore ad occidendo
quella gentuccia sociale d'adattati
coi loro amor matrimoniale
− e figli (i sun normale) −, sbandierarne a terra
st'istrunza forza razionale −
di beni della terra −, che a pulvera
fa bbene.

Aprile 1971

Dormiveglia

Mi sono gestito
in un fermentare di frasi
convincenti
prima di una loro razionalizzazione.
Nel dormiveglia
ho baciato
una cuccagna di ragazzi
procaci e d'un'impressione
decisa e confusa.
L'involontaria
memoria
pescava in odori
la tonda pienezza di aspirazioni
associate
a qualche inteso angolo
di sogni·

12 maggio 1973

Half Asleep

I conducted myself
in a ferment of sentences
convincing
before their rationalization.
While half-asleep
I kissed
an abundance of guys,
all handsome, their demeanor
decisive and confused.
My instinctive
memory
found within scent
the round fullness of aspiration
associated
with a specific corner
of dreams

May 12, 1973

Le giornate durano quanto i fiori
di Magnolia
e cioè un giorno
solo.
Credo
dovrò intraprendere
il viaggio
nel mondo mio interno;
perchè è in me
la strada della pazzia.

Non voglio che non ci sia più speranza!
Non voglio che non ci sia più speranza
per noi!

Voglio tornare a Adamo
per incontrare
l'Ermafrodito che era
prima di lui.

Noi siamo i più avanti di tutto
sulla via della pazzia,
noi rovesceremo il mondo
scuoiando il fallocrate
a partire dall'uccello.

Non voglio che non ci sia più speranza!
Non voglio che non ci sia più speranza
sulla strada della pazzia!

The days last as long
as a magnolia bloom—
that is, one day
only.
I believe
I'll have to undertake
a journey
through the world within me;
because it is within me,
the road to madness.

I don't want there to be no more hope!
I don't want there to be
no more hope for us!

I want to go back to Adam,
to meet
the Hermaphrodite who lived
before him.

We're ahead of everything
on the road to madness,
we'll overthrow the world,
flaying the phallocrat,
starting with his dick.

I don't want there to be no more hope!
I don't want there to be no more hope
on the road to madness!

L'ultima piaga della mia gioventù
è un riflesso di morte. Salpa
per qualunque direzione
il mio pensiero e ad essa
si ricongiunge. Non ho età
che mi trattenga immobile
alle lune di ieri, ai melodrammi
dove non c'è destino
e la luce accesa rischiara
a giorno
l'anticamera
di questo inferno. Eppure
ancora dubito che la ombra torva
che ora ci illumina non sia
pur essa lontana dalla
in-scienza. Potrebbe aprirsi
un varco apocalittico, corrispondente
a rivoluzione o
morte.

The last wound of my youth
reflects death. My thoughts
set sail in any direction
to reunite
with it. No years
can hold me fast
to yesterday's moons, to melodramas
where there is no destiny
and bright light
illuminates
the antechamber
of this hell. Nevertheless
I still doubt that the hostile shadow
that sheds its light on us
is not itself distant
from un-science. It may open
an apocalyptic passage, leading
to revolution, or
death.

(1974? Da penso…)

Penso
che non sfuggo
in mezzi termini
virgolette:
penso che sfuggo
in sensazioni
orgasmi
credo.
Non ho pietà al vascello
in arte
odo
lo scalcignato ripetersi
di una nenia-manìa.
Questo nella confusione
dell'atto
in cui prendo
la macchina e scrivo.
Ma in fondo sono motivi ripetuti
di chi non si diletta più
di fare poesia.
O ancora:
di chi ha una nenia-manìa
la sera andando a letto
o altro.
E poi basta
e non c'è fine,
colei che – mi si scrisse –
soffre come Santa Teresa
e gode
come la Pompadour.
Questa ripresa stanca
è da Piero.
Manco facesse effetto
il Mogadon.

(1974? From I think…)

I think
I can't escape
by mincing words
in quotation marks:
I think I escape
through sensation,
orgasms.
I believe.
I have no mercy
for the vessel in art
I hear
the ragged repeat
of a lulla-mania.
In the chaos
of the act
when I take
my typewriter and write.
But in the end, these are the repeated motifs
of someone who no longer enjoys
writing poems.
Or better:
one who feels a lulla-mania
at night when he goes to bed,
or some other time.
And that's it,
and there is no end,
she who—as she wrote to me—
aches like Santa Teresa
and comes as much
as Madame de Pompadour.
This weary recovery
is worthy of Piero.
If it only worked,
Mogadon.

Null'affatto masochista

Null'affatto masochista,
sì sì sul filo della corda,
ma per motivi storici

ché sguazzerei tra cazzi pacifici
e con le sorelle pure
farei la bella conversazione

su limpide acque
inghirlandate di rose
cammineremmo insieme

E l'autunno infuocato
recherebbe stampato su in cielo
l'annuncio
della primavera incalzante

E noi saremo felici
per sempre

Not a Masochist at All

Not a masochist at all,
yes of course on a tightrope,
but for historical reasons

because I will mingle among peaceful cocks
and have lovely conversations
with flawless sisters

together we'll walk
garlanded with roses
on clear waters

And fiery autumn
will appear, printed up in the sky,
announcing
upcoming spring

And we will be happy
forever

IO L'AMO. MI AMA

Quel ch'è successo è molto bello.
M'ha portato via con la testa.
Il bambino è tornato.
Io l'amo l'amo.
Da allora ci siamo visti tutti i giorni.
Io l'amo. Mi ama.
La mia angoscia è che possa finire.
O forse paura del volo.
Io l'amo. Mi ama.
Canarino messicano. Solo nella notte.
Io l'amo l'amo.
Io mezzogiorno stellato.

I LOVE HIM. HE LOVES ME BACK

What happened was just great.
He made me lose my head.
The kid has come back.
I love him! I love him.
Since then we've seen each other every day.
I love him. He loves me.
What worries me is that it might end.
Or maybe it's my fear of flying.
I love him. He loves me.
Like a Mexican canary. Alone in the night.
I love him! I love him.
This starry noon is me.

Ballerina

Chi dice che non si possa muovere
la zampa di gallina con l'ausilio dell'eletronica,
erra. Chi considera sgrammaticata la parola
eletronica ha ragione. Chi riempie gli spazi vuoti
di aprole e sa d'essere ispirato da Dio,
accoglie al contempo un dono senza pentimento.
La danza tzigana o il cantico delle creature
suonano misteriose vie senz'adito né accessso,
ove più silente si fa la vena migliore.
In attesa di dire: "va pure!"

Colui che visitava Montale nella sua cella
di Pontremoli, o Cagliostro nelle sale del Cremlino,
là dove pure io fui visitata più volte nottetempo
del buon Rasputin, servo di corte – senz'altra più paura
se non quellla dell'eternità!

Nell'Età dell'Acquario la semplicissima
connessione tra il Don Juan di Baudelaire
e il mio complesso materno, costui, se non errro,
era un margheritomane.

Nell'epoca del silente ausilio
s'apre la suburra.
M io silente dico evviva!

Ballerina

Those who say that a crow's foot
can't be removed with the aid of ele-tronics
are wrong. Those who consider the word ele-tronics
ungrammatical are right. Those who fill in the blanks
of Apr-l and know they're inspired by God,
welcome a gift at the same time, without regrets.
A gypsy dance or the canticle of the creatures
mark mysterious ways without entry or access,
where the best vein goes quiet.
Waiting to say: "go ahead!"

For the one who visited Montale in his cell
at Pontremoli, or Cagliostro in the halls of the Kremlin,
where I too was visited at night several times
by the good Rasputin, a court servant—with no fear
other than eternity!

In the Age of Aquarius, making
a very direct connection between Baudelaire's
Don Juan and my mother complex, if I'm not mistaken,
this one was a daisy-addict.

In the era of silent help
the underbelly of the city opens wide.
B'I, silently, say hurray!

Oggi sono andato al parco

Se non ti mangerai il dito
e più in fretta farai ché altrimenti avrai torto
senza dubbio egli saprà sottostare al giogo
vecchio gioco
ma mangiati pure il dito
e allora ecco avrà
alla fine delle fini
la fetta migliore della torta
Amen

Today I Went to the Park

If you don't bite your finger,
and quickly, you'll be in the wrong
there's no doubt he'll to submit to the yoke
to the old game
but bite your finger, go on
and then, behold, he'll have
at the end to all ends
the best slice of cake
Amen

Il bacio

Quando
sapendo
mi dice: Uhn?,
mi spiega
il dono dell'ubiquità,
il potere di sorridere
a piacimento;
mi indica i frutti carnosi
del godimento,
la mia paura a coglierli
o i mari prelibati
che oltre la sua soglia
si schiudono.

il tutto nell'uno
e l'uno nel tutto;
così che mi sento di salpare
pei mari prelibati
che di là si schiudono

tutte le mete negate dell'unico
desiderio;

le multiple mete negate
dell'unica mia xxxxxxxxxxx
soluzione
il no
e i multipli idoli sacri
dell'unica mia
devozione

e il canto dell'uccello
che non so cantare

l'anima del sorriso,
la mia infermità
di fronte
al desiderio.

The Kiss

When
he says to me
knowingly: Hm?
he explains
his gift of ubiquity,
his ability to smile
at will;
he shows me the full fruit
of pleasure,
my fear at plucking them
or the delicious sea
that spreads beyond
his threshold.

the many in the one
the one in the many;
and so I wish to sail
on the delicious seas
that spread beyond the threshold

all the denied objects of my;
sole desire

the many denied objects
of my sole xxxxxxxxxxx
resolution
the no
and the many sacred idols
of my sole
devotion

and the song of the bird
I can't sing

the soul in the smile:
my unease
facing
what I desire.

A Umberto

Non ci si carezza
più
in quest'ospizio

mentr'ella
rimpicciolita
lungo il percorso
non sa ancora
dove sta andando;

sono così teatrale
baciandoti
tu fiore
sul ciglio

To Umberto

no more caresses
in this
old folks' home

while she
shrunken
along the route
doesn't yet know
where she's going;

I'm so theatrical
kissing you
you the flower
on the edge

Scrivere è una lotta *costante*
con la cultura che hai
e con quella che ti manca

ma può diventare una danza
un vortice allegro
e sei tu

Settembre 1977

To write is a *constant* struggle
against your own education
against what you lack

but it can be a dance
a happy whirlwind
and then it's you

September 1977

Contro le regole
infanzia prolungata
glissare essere
soft,
non precisare
ma non è importante
non è così importante
al limite
l'ossessività
certo non è grave
ma lasciamo correre
aggressività
donne del Movimento
competitività
denaro
merda più totale
litigano non s'intendono
ma dimmi tu?

Against the rules
childhood prolonged,
best avoid, be
gentle,
don't insist
it's not important
it's not so important
at its extreme
obsessiveness
isn't so serious
let it go
aggressiveness
women of the Movement
competitiveness
money
it's all utter shit
they argue, don't understand each other—
what can you say?

Herstory

a Umberto

Pargoletto mio,
che per mani tenni
nell'ora più lieta,
puoi ancora far lacrimare
il cuore della tua mamma?
Puoi volere
che io pianga
perché m'hai tradito?

Cuor mio!
Ascolta ti prego
il mio priego d'amore.

Nell'ora deliziosa
che qui tace –
poiché si giace solo
nel silenzio –
tu fosti, fratello mio,
mio salvamento.

Or dunque dimmi,
fratello mio?
Ho torto forse di credere
in Dio,
se tu mi sei parso quello?

Ho torto, fratello?

Oh quanto vorrei
nel sentimento
avere in cambio Iddio
in un momento!
E sapere
che non ho creduto invano
t'amo, t'amo.

Herstory

to Umberto

My child,
whose hand I held
in my happiest hour,
mama's boy,
how can you hurt me?
How can you want
to make me cry
by cheating on me?

My heart!
I implore you, listen
to my prayer of love.

In the delightful hour
when all is silent–
for we only can lie
in silence—
my brother, you were
my salvation.

So now, my brother,
tell me,
am I wrong to believe
in God,
if that is how you seemed to me?

Am I wrong, brother?

Oh how I wish
I held God
in my feelings again,
right in this moment!
And to be certain
I never believed in vain.
I love you, I love you.

Il grande amor satanico

Ti ho preso per un paccone
di spazzatura. Mi sarebbe piaciuto
rovistarci dentro
per la rabbia
che in verità non c'eri. E dov'eri?
Dov'erano le musiche
e i ricordi più intensi
della nostra relazione? Certi
spasimi gaudenti?
Certa complicazione?

Avrei osato altrimenti
affidarmi tutto a te. Ma
quali vicoli ciechi avrei percorso
senza sapere
donde vengo, e quale complicazione
strabiliante?
    Mi sarebbe piaciuto
disilluderci insieme. Dirti
che le cose che mi dicevi
erano tante:
sacre, o eterna giovinezza
e iniziazione.

The Great Satanic Love

I took you for a great heap
of trash. I wanted
to rummage in it
in anger
because truth is you weren't there. So you were—where?
Where were the songs
and most intense memories
of our relationship? The
pangs of pleasure?
The entanglements?

I would have dared entrust myself
entirely to you. But what
dead ends I would have followed,
without knowing
where I came from, from what amazing
encounter.
Instead I wanted
conjoined disillusionment. And to tell you
the things you meant
to me were many:
and sacred, oh eternal youth
and initiation.

Funzione della noia inutile

Quale più intelligente soluzione
senza che la terra di
terra
si sia prodotta in novità;
e il bastimento di Cincinnati
restano inutili
parole.
        Quanto dura l'inganno?
senza che si motivi
l'attesa.

The Function of Pointless Boredom

What smarter solution
when this land of
Earth
has not turned out anything novel;
and the ghost ship of Cincinnati
is made of pointless
words.
        How long can the deception last?
when there's no motivation
to keep on waiting.

Pomeriggio preliminare con Michel

Certune interiezioni di tempo
dove non abbiamo eccessivamente
riflettuto
      e l'attesa
che ne ritrae contorta
l'esitazione
contagoccie
della morte. E perché
quella strada fu l'ultima,
perché ubbriacarsi un pochino
senza preciso motivo di
attendermi un pugno
in sorte. Così vago
presumere alternative,
interrogarsi sulla forma intuitiva
del tempo,
finché rimane.

Preliminary Afternoon with Michel

Certain fragments of time
when we didn't ponder
excessively
        and the wait
that displays its bent
hesitation, its
mortal
pipette. And so why was
that street the last one,
why get a little drunk
for no reason
just to get punched
in the face. It's imprecise
to expect alternatives,
to question the form
of time we know,
while time remains.

Ritratto

Il mio sguardo esterefatto è pure colto
da te con calma
e l'ingenuità del mio soggetto
distanzia la saggezza dell'artista (tu).
Ma quello che di divinamente giusto in me c'è
è che so
profondamente
di piacerti. Le piccole cose gaie (una piuma)
mi accarezzano
eppure un fondo d'orrore
carpisci
nei miei occhi. E allora se mi ci concentro
il mondo gira
vorticosamente
nella vertigine. Lune: stelle: spazi neri:
vorrei volare fino dove
non so più, riminiscenza
d'infanzia. Uccello
del narcisismo. E il comunismo?
O fate che possa abbracciarvi   che nella resurrezione
dei volti le vicissitudini morte
si superino. So che questi miei "versi"
non possono ancora
piacerti.

Portrait

You assess my astonished look
calmly
and my naïvety as subject
holds back the wisdom of the artist (you).
But what is divinely right in me
is that I know
profoundly
that you like me. The little gay things (a feather)
caress me
and yet you catch a depth
of horror
in my eyes. If I put my focus there
the world swirls
turning
vertiginously. Moons: stars: black spaces:
I would like to fly to places
I don't know anymore, childhood
memories. Cock
of narcissism. And communism?
Or let me embrace you   and in the resurrection
of faces may dead vicissitudes
be surpassed. I know that these "verses" of mine
can no longer
please you.

Il bancario a sua sorella

"Perché batti alla porta con tutti
i tabaccai del mondo quando sai che potresti
non scocciarmi e scendere in strada:
lasciarmi sdelinquire a suonare
le cose caramellose che gli
piacciono, di modo che balli tutto,
e si disponga il suo spirito di danzatore".

Indi passerò ai digestivi amari con gli
album delle suprèmes: e una volta esibito
il mio genio, potrò fare il gioco delle
carte; predicendogli numeri
e palliativi
che lo facciano fremere. Poi, gli
sbottonerò in silenzio la patta:
 ma per intanto lasciami in pace,
affinché gli imbastisca il cervello.
È Mario stasera, non uno qualunque:
come se lasciandoci cadere nel nulla,
potessimo non appiglarci a un dato
assai tangibile. Non c'è serietà
né sigarette.

The Bank Teller to his Sister

"With all the smoke shops in the world,
why bang on this door,
when you know you could
stop bugging me and go down the street:
let me indulge in playing
the cloying things that
he likes, so that everything swirls,
and may his dancing soul be ready."

Then I'll move onto drinks after dinner,
to an LP by the suprèmes: and once my genius
has been displayed, I'll play a game
of cards; predicting numbers for him
and palliatives
that make him quiver. Then in silence
I'll unbutton his fly:
    but for the meantime leave me alone,
to mess with his head...
It's Mario tonight, not just anyone:
as if by letting ourselves fall into nothingness,
we're not still clinging
to a very concrete fact. There's no seriousness
or cigarettes here.

L'AMANTE, L'AMATO E LA ROCCIA, ovvero Pensieri per Amanti non del tutto ricambiati

Se lui per te è centrale
e tu per lui molto importante

se lui per te è essenziale
e tu per lui necessario

se lui per te è il Senso
e tu per lui un significato

se lui per te è una freccia, che punta verso il mistero della morte
e tu per lui un compagno di caccia o di viaggio nella vita

se tu lo scegli escludendo il mondo
mentre lui sceglie il mondo senza escluderne te

se vicino a lui ti senti più puro
e lui vicino a te si sente più felice

se tu lo incontri innanzitutto dentro di te, e poi fuori
mentre lui t'incontra mille volte fuori, prima di incontrarti in sé

se lo hai sempre di fronte
mentre lui ti ha sempre accanto

se la sua presenza è per te un ponte verso la solitudine
e la tua per lui un ponte che lo ricongiunge al mondo

se tu lo incontri per lo più nel silenzio
e lui nella parola

se lui per te è un fine
e tu per lui un perno

se tu vai da lui ai libri, e nei libri lo ritrovi
mentre lui dai libri arriva a te, e poi ritorna ai libri

THE LOVER, THE BELOVED, AND THE ROCK or
Thoughts for not entirely requited lovers

If for you he's everything
and for him, you are very important

if for you he's essential
and for him, you are a necessity

if for you, he is Sense
and for him, you are a meaning

if for you he's an arrow pointing toward the mystery of mortality
and for him, you are a comrade in arms, or on life's journey

if you've chosen him to the exclusion of the rest of the world
while he has chosen the world, not excluding you

if you feel more pure when you're beside him,
and next to you he feels happier

if you've found him first within yourself, then outside
while he has found you outside many times before finding you

if you have him always before you
while he has you always beside him

if for you, his presence is a bridge to solitude
and for him, your presence is a bridge connecting the world

if it's in silence you most often find him
while for him it's in words

if for you he is an end
and for him, you're a beginning

if you look for him in books, and find him there,
while it's from books that he comes to you, and then returns

se davanti a lui sei fermo come una roccia
mentre lui oscilla e sempre ritorna

se tu lo cerchi
mentre lui ti trova

non è il caso di rattristarsi, perché proprio queste differenze
fondano qualcosa di inattaccabile:

"Ma che è dolore? Il dolore spezza. È lo spezzamento. Ma esso non schianta in schegge dirompenti in tutte le direzioni. Il dolore, sì, spezza, divide, però in modo che anche insieme tutto attira a sé, raccoglie in sé... Il dolore è ciò che congiunge nello spezzamento che divide e aduna. Il dolore è la connessura dello strappo. Questa è la soglia. La soglia regge il frammezzo, il punto in cui i Due si staccano e s'incontrano. Il dolore salda lo spezzamento della differenza. Il dolore è la differenza stessa...La differenza aduna i Due chiamandoli entro lo stacco ... quando la differenza aduna ... nella semplicità del dolore della intimità, essa fa pervenire i Due alla loro essenza ... Il chiamare della differenza è il duplice acquietare." (Martin Heidegger).

if before him you're solid as a rock
while he is always ebbing and flowing

if you're searching for him
while he is finding you

there's no reason to be sad, because it is these differences
that make something indestructible

"But what is pain? Pain rends. It is the rending. Only, it does not rend asunder into splinters that drive apart. To be sure, pain does rend apart, it separates, but it does so in such a way that it likewise draws everything to itself, gathers everything into itself. [...] Pain is what unites in the sundering that divides and gathers. Pain is the connection of the tear. This is the threshold. The threshold holds the in-between, the point where the Two separate and meet. Pain heals the breaking of difference. Pain is difference itself... Difference gathers the Two, calling them into the separation... when difference gathers... in the simplicity of the pain of intimacy, it brings the Two to their essence... The calling of difference is the double calming." (Martin Heidegger)

L'Elefante Rosso

La giustizia del tempo mi dice
che sotto i tuoi occhi quelle verruche
son belle: nell'animo d'ogni tuo fratello
io vedo riflessa l'anima delle sorelle.

Ascolta. Non odo del viatico il senso:
primevo ancora mi pare l'uso e l'abuso che si fa
della violenza. Potremmo farne senza.
Altissima civiltà
è quella d'armonia:
d'essa la Terra è figlia,
e la legge di gravitazione universale
sarà pur relativa
– tutto è relativo –
ma dal mio punto di vista
i pianeti ancora non cascano,
e se meteorite mai verrà giù dal cosmo
di nuovo sulla terra d'Oceania –
o se guerra nuovamente scoppiasse
alle Falkland – ebbene, divo Borges,
questo tempo noi lo capiamo e amiamo,
tu fosti uno degli ultimi grandi poeti
dell'Età dei Pesci, uno dei primi
grandi dell'era di Cristo risorto.

Ascolta, tu m'hai spiegato,
parlandomi di Dante,
che non è veramente casuale
l'esistenza a Piacenza
d'una litografia detta
Elefante Rosso;
lì appresi l'arte, anche.
Lì stanno donne e uomini,
che tu in segreto adori.
L'elefante libero nella savana
talora scatena la propria violenza,
ma dev'essere aggredito, se non erro.
Ecco il senso del peccato.

Red Elephant

Time's justice tells me
that in your eyes those warts
are beautiful: in the soul of all your brothers
I see reflected the soul of your sisters.

Listen. I don't hear the sense of the viaticum:
this ongoing use and abuse of violence
seems primeval to me. We can do without it.
The highest civilization
is harmony:
Earth is its daughter,
and the law of universal gravitation
may be relative
—as everything is—
but from my point of view
the planets still aren't falling,
and if a meteorite ever descends again from the cosmos
onto the land of Oceania—
or if war breaks out
again in the Falklands—well, divine Borges,
we understand and love this time,
you were among the last great poets
of the Age of Pisces, among the first
greats of the era of the risen Christ.

Listen, you explained to me,
speaking of Dante,
it's not just by chance
that in Piacenza
there's a lithograph they call
Red Elephant;
I learned my art there, too.
Women and men are there
whom you secretly adore.
Sometimes an elephant, loose in the savannah
unleashes its violence,
but if I'm not mistaken, only when attacked.
This is the meaning of sin.

Ecco la porta stretta,
nella quale, s'entra un elefante,
entra pure il cammello.

A Piacenza
vi sono altre regine della Terra.
Ovunque.

Here is the narrow door
through which, if an elephant can fit,
so can a camel.

In Piacenza
there are other queens of the Earth.
Everywhere.

Gli amici confidenziali

"Assisto al mondo per la squallida
landa e la bruma della
risaia – oppure spettatore
delle routines cittadine; estraneo
così inattraente sotto gli
occhi di tutti; indifferente
come te. Inutile."

"Ed io che ti dico?
La musica: lì si tramutano
le cose in atmosfere, che comprendo.
E percepisco chiusi voli e ostinazioni.
Io stesso suono: dovresti ascoltarmi
battere la tastiera del piano: a
intendimento. In te altrimenti
è come se mi riflettessi, specchio
opacissimo
      ovvero tristissima
piaga esposta".

Friends Confiding

"I witness the world through the waste
land and the haze of
the rice field—or as an onlooker
of urban routines; a stranger
so unattractive in
others' eyes; unattached
as you... without purpose..."

"And what can I tell you?
Music: that's where things are changed
into moods, which I understand...
And I perceive caged flight, and stubbornness.
I myself play: you should hear me
drum on the piano keys: just as
it comes to me. Besides, in you
it's as if I'm seeing myself, in
a very opaque mirror
      or a very sad,
open wound..."

Mal de muchos consuelo de tontos

Che importa se piango
dato che piangono tutti?
Eppure
è l'ingiustizia
di questa valle di lacrime
che non posso accettare:

e un uomo che è,
se non un cavaliere
del sorriso?

Mal de muchos consuelo de tontos

So what if I cry,
since everyone is crying?
Still
it's the injustice
of this vale of tears
that I can't accept:

and what is a man,
if not a smiling
gallant?

Il palmeto

Nelle ascose intemperialità
dell'esistenza, ove più lieta
è la lunga attesa di Bagdad, o
quella di Ulan Bathor, ubi
constrictor ulterioris feminis regi
ubicarum. In esperanto almeno.

In conseguenza dell'ulteriore
delirio che trascina il povero mondo
alla deriva, senza speranza
s'astiene chi vive dal tenero
palmeto ove, fascista o meno,
io mi Godo il sole e il piede
biondo pongo nell'acqua argentea.
Amen!

The Palm Grove

In the hidden atemp-empire
of existence, happier
is Baghdad's long wait, or
that of Ulan Bator, ubi
constrictor ulterioris feminis regi
ubicarum. At least in Esperanto.

Due to delirium's
progress that drags the poor
world adrift, the living, with no hope,
remain distant from the gentle
palm grove where, fascist or not,
I find Joy in the sun, and place
my golden foot in the silvery water.
Amen!

A Carlos

Le storiche controfigure,
le serve,
che tutt'intorno gettano
la loro saggezza, il loro amore,
sono puttane
come si conviene alle vere
sacerdotesse. Esse,
accogliendo il mio Verbo,
festeggiano sotto le palme
o nel frutteto dei manghi
il ritorno
del XII Madi.

Serve,
nella notte sognando
gettano i veli della morte,
e scoprono
il venerando aspetto
del saggio Iddio,
l'extraterrestre Madre,
donde noi siamo prole.

Nelle ampie configurazioni
del cosmo
v'è un segreto che non colgo,
per la semplicità del mio spirito;
ma poiché io non temo critica
veruna, dirò che è vero:
io credo in Dio.

To Carlos

>The historic stand-ins,
>the handmaids
>who throw their wisdom
>and love all around
>they are whores
>as befits real
>priestesses. Welcoming
>my Word, they
>celebrate under the palms
>or in the mango orchard
>the return
>of the XII Madi.
>
>Handmaids
>dreaming in the night
>cast out the veils of death
>and discover
>the venerable countenance
>of the wise God,
>the extraterrestrial Mother,
>whose offspring we are.
>
>In the wide configurations
>of the cosmos
>there is a secret I can't divine
>due to the simplicity of my spirit;
>but because I fear no contradiction,
>I'll say it's true:
>I believe in God.

Intorno alla volta celeste

Intorno alla volta celeste
dove agisce il Burattinaio
supremo, là può essere
reciso d'un tratto il filo
della vita nostra:
ecco, sentiamo dietro
la testa la morte
sempre in agguato,
ma il filo non si spezza
se non viene
spezzato.
E incolumi
continuiamo ad andare in tram
nella città invisibile,
felici o quasi,
ché il futuro
indora la nostra fronte.

Milano, 9 dicembre 1982

All Around the Celestial Vault

All around the celestial vault
where the supreme Puppeteer
reigns, the thread
of our life can be
suddenly cut:
then we sense, on the back
of our head, death
always lurking,
but the thread
doesn't break
if it isn't cut.
And, unharmed,
we continue on by tram
in the invisible city,
happy, or nearly,
our foreheads gilded
by the future.

(Milan, December 9, 1982)

Il minimo indispensabile

Il minimo indispensabile
è nella valigia del mio cervello
o mio destino,
chiamalo come vuoi:
il minimo indispensabile
per scassinare
la cassaforte
del Padrone del Cosmo.

Milano, 9 dicembre 1982

The Bare Minimum

The bare minimum
is in the suitcase of my brain
or my destiny,
call it what you will:
the bare minimum
to break
into the safe
of the Master of the Cosmos.

(Milan, December 9, 1982)

Ad Anna Sordini
con amore
Mario
Milano, 27. 1.'83

Papero

L'angoscia
del singolo
è angoscia dell'ora
funerea.
Ma si sa che sulla spiaggia
dorata
dell'avvenire,
cammina
sotto l'ombrello
l'Oca del Nilo,
ch'è nondimeno
un bel ragazzo
pazzo.
E allora
si ferma
dell'Africa il tormento,
e nel calderone egli getta
a piacimento
i morti risorti,
che già hanno goduto
la gioia della morte.
Egli
sa che altrimenti
non gli sarebbe toccata in sorte
l'ora
sovrana.

To Anna Sordini
with love
Mario
Milan, 1/27/1983

Papero

The anguish
of the individual
is the anguish of the funeral
hour.
But you know that on the golden
beach
of the future,
the Nile Goose
strolls
under an umbrella
and that she is no less
than a crazed, handsome
boy.
So
the torment stops
all through Africa,
as he throws
the living dead
into the cauldron at will,
those who have savored
the pleasure of death.
He knows
that otherwise
sovereign time would not
have been
his lot.

A Lucia

Primavera improvvisa – è dicembre,
chi dice al cuor mio ch'è cominciato
il conto alla rovescia? Lo dice il cuore;
e quando cala la sera io son felice.
Finalmente sei nata, o Poesia!
Lucia ti chiami, e sei la mia nipotina;
chi t'ha dato la vita non so se mia sorella,
poiché nulla più so di questa luce vasta
del nostro sereno inverno; è bello venire
alla luce! È bello! Serena estasi, la tua,
di te che taci e odi un sussurro interiore
e sai ch'esso è l'amore.

Ti svegli, accenni al capriccio:
poi scoprire nella luce del giorno
il volto di tua madre ti conquista al sogno
della veglia. Sopra di te volano api di plastica,
è solo l'inizio d'un gioco infinito – della
plastica faremo ornamenti e utili cose,
ma rideremo salute alla terra provata
della nostra follia che infine sbocca
nel mare di miele. Possa tu essere
la mia maestra, o bimba che dal nulla vieni
o meglio dall'amore dei tuoi genitori,
possa tu essere mia maestra se lo vuoi
nel gioco paradisiaco ove ognuno prende
ciò che desidera e nulla gli è negato,
poiché tutto si svolge in armonia.

zio Mario

Milano, 3 febbraio 1983

To Lucia

Sudden spring—it's December,
who's telling my heart the countdown
has begun? It's my own heart that says it;
and when evening falls, I am content.
Finally you were born, O Poetry!
Your name is Lucia, and you are my niece;
I don't know who gave you life, or whether it was my sister,
since I no longer know anything of this vast light
of peaceful winter; how beautiful
to be born in the light! How beautiful! What serene ecstasy,
you who are silent, hear a whisper inside,
and know that it is love.

You wake up, ready to cry:
then discover in the light of day
your mother's face enchanting you in a dream
of wakefulness. Toy bees fly above you,
just the beginning of an infinite game—we'll make
plastic ornaments and other useful things,
but restore health to the earth weary
of our madness that finally flows
into a sea of honey. You may
be my teacher, o little girl come from nowhere
or rather, from the love of your parents;
you can be my teacher if you'd like
in the heavenly game where everyone takes
what they want, and nothing is denied,
because everything unfolds in harmony.

Uncle Mario

Milan, February 3, 1983

Mary

Alla zia Clara,
con affettto!

Vergine madre, figlia di mio figlio,
sono assai lieta d'aver riacquistato
la mia dignità. L'ho ottenuta in grazia
della maledizione; ma poiché una volta
salii sulla croce, credo che perdonerò
"alla fine della fiera".
Prima, non sarà possibile dimenticare
l'offesa subita dal mio Amore,
e pertanto egli è maledetto davvero.
Né la sua morte potrà farmi piangere.
Crepi! Dato che cr è iniziale di Cristo!

Nel silenzio d'una notte odorosa
– ho acceso una candela mangiafumo –
io gioco col buio, e mi rassegno
ad attendere in silenzio
che mi si rispetti.
Coloro che non sanno ancora chi sono,
poveretti,
sono giustificati dalla loro incoscienza,
e dal loro dolore. Ma tutti presto sapranno
ch'è risorto Amore, ed io son quello.
Io ed ogni mio fratello.

Mary è risorta,
ultima delle donne ad essersi accorta
d'essere bella.

X

Milano, 5 marzo 1983

*To Aunt Clara,
with love!*

Mary

Virgin Mother, daughter of my son,
I'm quite pleased to have reclaimed
my own dignity, through grace
and curse obtained; but since once I did
go up on the cross, I believe I'll forgive
"at the end of the day."
First, it won't be possible to forget
the offense suffered by my Love,
and therefore he is cursed indeed.
Nor will his death make me cry.
Cry! As C is the initial of Christ!

In the silence of a fragrant night
—I lit a smokeless candle—
I play with the darkness, resigning myself
to wait in silence
to be respected.
Those who don't yet know their station,
the poor things,
are justified in their recklessness
and their pain. But all will soon know
that Love has risen again, and that it is I.
I and each of my brothers.

Mary has risen,
last among the women to have noticed
that she is beautiful.

X

(Milan, March 5, 1983)

Al maschio

È più dolce la mia solitudine
del tuo sorriso ipocrita, bugiardo;
sii servo, se vuoi baciarmi i piedi.

Ho perso troppo tempo cogli uomini,
ed ora mi piace ritrovare la Parola.
Quando coronata del Triregno
scomunicherò tutti i capi di stato del mondo,
non ti sarà nemmeno permesso
di spiarmi dal buco della serratura.

Potessi sapere che soffri
per amor mio! Voglio sconvolgere il cielo
perché tu impazzisca per me. E se non avrai coraggio
d'urlare nelle strade che mi ami,
ti farò assassinare, se me ne cale.

Ho percorso nottetempo i viottoli
dell'Inferno dantesco, recitando
certe sacre terzine – oh come sono grata
al Sommo Vate d'avermi risparmiato
un'ulteriore umiliazione! Mai più, mai più,
maschio, io ti chiederò di far l'amore –
tu dovrai assecondarmi in tutto,
prima d'avere il mio corpo. Disperati pure,
ma se non avrai me
avrai la morte, poiché io sono la Vita.

X

Milano, 8 marzo 1983

To Men

    My loneliness is sweeter
than your false, lying smile;
be a servant, if you want to kiss my feet.

    I've wasted too much time with men,
now I want to find the Word again.
When, crowned with the Triregnum,
I excommunicate all the world's heads of state,
you won't even be permitted
to spy on me through the keyhole.

    If I only knew you were pining
for my love! I would shake up the heavens
to make you crazy for me. And if you won't dare
shout out in the street that you love me,
I'll have you murdered, if I care to.

    All night I walked the pathways
of Dante's inferno, reciting
sacred tercets—oh, how grateful I am
to the Sommo Vate for sparing me
further humiliation! O men, never,
never again will I ask you for love—
you'll have to indulge my every whim
before you can have my body. Go ahead and despair:
if you won't have me, you'll have
death; for I am Life herself.

                  X

Milan, March 8, 1983

> Maria José dice che la storia è ingiusta come la vita...

Note alle poesie

Nicholas Benson e Paola Mieli

Mario scrisse dei commenti ad alcune delle poesie distribuite e discusse nel gruppo di poesia del lunedì, iniziato da Milo De Angelis e Angelo Lumelli nell'ottobre 1970 (Vedi *Premessa*, p. 10); quando presenti, alleghiamo qui in nota i commenti di Mario, raccolti da Angelo Lumelli. Quattordici poesie discusse col gruppo del lunedì furono pubblicate nel volume *Mario Mieli Trent'anni dopo a* cura di Dario Accolla e Andrea Contieri (Roma, Mario Mieli Circolo di cultura omosessuale, 2013), senza consultarsi con l'archivio Mieli, quel che implica alcune differenze con i manoscritti originali. Quando ci è parso utile fare delle aggiunte ai commenti di Mario, lo abbiamo fatto in parentesi quadre, con la sigla Ed. Tutte le altre note – non numerate – sono nostre.

Le poesie sono elencato in ordine cronologico a partire dalle date indicate dall'autore. Laddove queste date non sono presenti, si è assegnata una data congetturale desunta dai contenuti e da elementi extra testuali quali le diverse battiture dei dattiloscritti e il tipo di carta utilizzata. Sono stati rispettati i titoli in stampatello dati da Mieli.

* * *

Pomeriggio a Lora dopo mesi di assenza (pp. 34-35)
Note di MM:
1) Lora: proprietà di campagna nei pressi di Como, dove ho abitato fino a sedici anni.
2) La persona cui la poesia è rivolta è E. P., ragazzo amato. Una sola volta è nominato in terza persona: "...che lui – è l'aurora/ e i tramonti...
3) ...e m'accorgo di foglie/, di guscie diverse... Foglie, guscie: termini di ebanisteria per indicare intagli e forme del legno lavorato.
4) Daniela Porsio, la ragazza che mi aveva accompagnato nella mia visita a Lora.
[Nel manoscritto il nome è scritto correttamente, Porzio, ma nei commenti aggiunti da Mario c'è un errore, una *s* al posto di una *z*: Porsio. —Ed.]

Notes to the Poems

by Paola Mieli and Nicholas Benson

Mario occasionally wrote comments on the poems workshopped with the Monday poetry group, which Milo de Angelis and Angelo Lumelli initiated in October 1970 (see *Preface*, p. 11); we have included here these comments to the poems, which were collected by Angelo Lumelli. Fourteen of the poems discussed at the Monday group were published in the volume *Mario Trent'anni dopo*, edited by Dario Accolla and Andrea Contieri (Roma: Mario Mieli Circolo di cultura omosessuale, 2013); however, this volume was done without consulting the Mieli archives, resulting in some differences from the original manuscripts. Where it seemed helpful to elaborate on the information in MM's notes, we have added our comments in brackets, marked Ed. All other, unnumbered notes are ours.

The poems are presented in chronological order according to the dates indicated by the author. Where there was no indication, poems were dated based on their content, and elements such as distinctive typescript and paper.

* * *

An Afternoon in Lora After Months Away (pp. 34-35)
    MM Notes:
    1) Lora: country property near Como, where I lived until I was sixteen.
    2) The person to whom the poem is addressed is E. P., a beloved boy. He is mentioned only once, in the third person: "just like him—from break of day/to every sunset..."
    3) "where I notice leaves/and fruit of different trees": leaves, fruit: terms to describe the forms carved into the woodwork of the cabinets.
    4) Daniela Porsio, the girl who accompanied me on my visit to Lora.
    [In the manuscript the name is spelled correctly: Daniela Porzio – but in MM's attached comments there is a typo, an *s* in place of *z* : Porsio.—Ed.]

5) Gino: Gioacchino, un cugino caduto in guerra. La casa di Gino: colonia agricola adiacente alla nostra casa, edificata dagli zii in sua memoria. Vi abitano e lavorano dei giovani subnormali.

6) …la piscina sepolta: nel nostro giardino esisteva una piscina, che anni fa i miei genitori fecero seppellire, perché i pini circostanti la riempivano di aghi ed era impossibile farvi il bagno. Attorno ai suoi resti, noi bambini giocavamo all'antica Roma.

Non parlare non fremere (pp. 44-45)

"Gallio" riferimento al Collegio Gallio di Como, dove Mario frequentò elementari, medie e ginnasio tra il 1958 e il 1967.

Enrico: compagno di classe al liceo Parini a Milano a partire dal 1968.

Parigi Pasqua 1969 (pp. 46-47)

Note di MM
1) … quel signore: sono io.
2) … un uomo in gonnella: un cameriere di Madame Arthur.
3) … d'un altro che marcia: è il ragazzo di Marsiglia.
[Madame Arthur è un noto cabaret e club drag a Pigalle, dal 1946 – Ed.]

Mi hanno insabbiato (pp. 52-57)

Di questa poesia esistono degli stralci in pagine separate e lavorate, che convergono nel dattiloscritto completo, qui pubblicato.

In occasione del suicidio di T. L. (pp. 60-63)

Una bozza della poesia porta la scritta a mano 'Alla Tiziana'.

Occhieggia sunta fantasia (pp. 64-65)

A Luigi Fedele: Luigi Fedele fu professore di matematica al Liceo Parini a Milano. Noto per il vezzo d' umiliare gli studenti, il suo atteggiamento intimidatorio fu più volte segnalato alla direzione del liceo, incluso dalla sorella di Mario, allora in quarta ginnasio; in risposta, Mario fu rinviato a settembre in matematica e fisica.

5) Gino: Gioacchino, a cousin who died in the war. Gino's house: a farm next to ours, built by his uncles in his memory. Some young, mentally challenged people live and work there.

6) "the buried pool": there was a pool in our garden, which my parents had buried years ago because the surrounding pine trees filled it with needles and it was impossible to swim in. We children played around its remains, pretending we lived ancient Rome.

"Don't speak/don't tremble…" (pp. 44-45)

Gallio: the Collegio Gallio in Como, where Mario attended elementary, middle, and high school between 1958 and 1967.

Enrico: Mario's classmate since 1968 at Parini high school in Milan.

Paris, Easter 1969 (pp. 46-47)

MM Notes:
1) "that gentleman": me.
2) "a man in a skirt": one of Madame Arthur's waiters.
3) "another's march": the guy from Marseille.

[Madame Arthur is a cabaret drag club in Pigalle, Paris, dating from 1946.—Ed.]

They've Buried Me (pp. 52-57)

There are excerpts of this poem on separate, edited pages; together they comprise the complete typescript published here.

Picked Up On the Street Last Night (p. 59)

The passage "It's as if no one understands/the heavy weight/of your brown pants,/my heavy weight/inside our pants" ("È come nessuno capisse/quanto pesi il marrone/ dei tuoi abiti,/quanto pesi il marrone mio/nei nostri abiti") presents a translation problem, since "marrone" means "brown," indicates a kind of chestnut, and is a homonym for "maroni," a slang term for "balls"—as an expression of wonder or frustration, it is a humorously profane echo of the more commonly heard "Madonna." MM here also deliberately combines the attribution of the 'abiti' to both speaker and the 'you' in the poem. Our translation attempts to retain that sense of purposeful disorientation although there is the inevitable loss of wordplay.

L'acceso viatico (pp. 70-73)
Note di MM:
1) Donovan: La sera in cui scrissi la poesia avevo ascoltato un suo recital e lo avevo incontrato in albergo.
2) Canada:il canadese Denis R., iniziatore all'LSD
[Nel luglio del 1970, Mario incontrò il cantante Donovan al lido di Venezia, durante un tour musicale. Nel giugno 1970, incontrò a Milano Denis Robert, canadese, critico musicale e studioso di egittologia. Denis rimase un suo fondamentale interlocutore, con cui corrispose fino alla fine, e con cui condivise, fra il resto, profonde preoccupazioni ecologiche. -Ed.]

L'implacabile allegria (pp. 74-75)
Note di MM:
1) Statue: sono gli uomini, la gente.
2) Triduo: sta per triennio, i tre anni di predicazione di Cristo dopo i trent'anni. Ne sta ad indicare anche i tre giorni tra la morte e la resurrezione. Tre è inoltre numero simbolico di perfezione.
["Triduo" — ciclo di preghiere della durata di tre giorni, in preparazione di una festa particolare o per richiesta di grazie—Ed.]

La brodaglia la Tessaglia (pp. 78-81)
Ci sono due copie di questa poesia, una dattiloscritta e una scritta a mano sulla carta intestata dell'Excelsior Palace Hotel di Venezia, con una nota laterale: "Bene! 10."

Dal *Lamento di Danae* di Simonide di Ceo (pp. 82-85)
Il Lamento di Danae, di Simonide di Ceo (VI-V a.C.) è un noto frammento della lirica greca. Il re di Argo, Acrisio, avendo appreso da un oracolo che sarebbe morto per mano di un nipote, rinchiude la figlia Danae e il nipote Perseo (il cui padre è Zeus), in un'arca di legno sigillata da chiodi di bronzo e li getta in mare. La lirica dà voce al lamento di Danea.

Poesia del diciottenne (pp. 90-91)
Note di MM:
1) Il diciottenne è stanchissimo per il troppo studio e mentre fa merenda si accorge di sragionare.
2) Denis: è Denis R., iniziatore all'LSD, ma sta anche per LSD.
["Pavesini", un tipo di biscotti popolari in Italia. Prodotti a partire dal 1948

On the occasion of T.L.'s suicide (pp. 60-63)
A draft of this poem carried the dedication "Alla Tiziana."

Ogling shy fantasy (pp. 64-65)
To Luigi Fedele: Luigi Fedele was a mathematics teacher at the Parini High School in Milan. Known for his penchant for humiliating students, his intimidating behavior was repeatedly reported to the high school administration, including by Mario's sister, then in the fourth grade; Mario was then held back in mathematics and physics until that September.

"The fiery viaticum..." (pp. 70-73)
MM Notes:
1) Donovan: The night I wrote the poem, I heard one of his concerts and met him later at the hotel.
2) Canada: the Canadian Denis R., who introduced me to LSD.
[In July 1970, Mario met the folk singer Donovan in Venezia Lido, where he was on tour. Mario had met Denis Robert, a Canadian music critic and Egyptologist, in Milan in June 1970. Denis remained a key interlocutor, with whom he corresponded until the end, and with whom he shared, among other things, profound ecological concerns.–Ed.]

"The relentless/joy of every..." (pp. 74-75)
MM Notes:
1) Statues: the people.
2) Triduo: triennial, the three years Christ spent preaching, after his thirtieth birthday. It also indicates the three days between his death and resurrection. Three is also a symbolic number of perfection.
["Triduo d'amore"/"love's patterned prayer"—the triduo is a cycle of prayer over three days.—Ed.]

"Getting trampled/all night in the muck..." (pp. 78-81)
There are two copies of this poem, one typed and the other handwritten on Excelsior Palace Hotel Venezia stationery, with the additional note "Bene! 10."

From *Danae Fragment* by Simonides of Ceos (pp. 82-85)
"The Lament of Danae," by Simonides of Ceos (6th-5th century BC), is a well-known fragment of Greek lyric poetry. King Acrisius of Argos, having learned from an oracle that he would die at the hands of his nephew, locked his daughter Danae and his

dall'azienda Pavesi, la produzione fu acquistata dall'azienda Barilla nel 1992. "Bel Paese", nome di un formaggio italiano prodotto dalla Galbani, originalmente creato nel 1906 -Ed.]

Oh l'estro di una plurigenerata antitesi (pp. 92-93)
   Note di MM:
   (Per comprendere meglio la poesia. Note.
   1) Satana = Satana, Denis R. iniziatore all'LSD, LSD.
   2) …del suo sguardo: lo sguardo di Satana
   3) il tuo dominio: il dominio di Satana).
   [Esistono due versioni di questa poesia, la seconda con due minime varianti:
   Seconda riga: "d'una plurigenerata" – al posto "di una".
   Nona riga: "il mio sguardo" al posto di "un suo sguardo. -Ed.]

La nave (pp. 96-97)
   Esistono due versioni di questa poesia, la cui unica differenza è nell'ultima riga: "dal mondo" – e "del mondo".

Circumda et Ama, 8—Poesia del mio amore in occasione di C. (pp. 98-101)
   Il riferimento a "8" nel titolo ("Circumda et Ama": proteggi e ama) fa pensare all'attaccamento affettivo di Mario per un compagno del Collegio Gallio di Como, di nome Otto, cui fa riferimento in diverse occasioni.
   Nel volume *Mario trent'anni dopo,* il titolo dato a questo testo è: "Poesia del mio amore in occasione di Corrado", quel che non appare nel dattiloscritto originale.

La persona cui le parole sono rivolte è Corrado (pp. 104-107)
   Nel dattiloscritto originale il titolo presenta una correzione a mano:
   "La persona cui le parole sono rivolte è Corrado" – corretto a mano con: "Il pretesto cui le parole sono rivolte è Corrado".

A Corrado, ponendo che io muoia prima (pp. 108-109)
   Il nome Corrado, ricorre in più testi. Mario incontrò Corrado Levi, architetto e collezionista, a Milano nel 1972. Mario, Levi e altri compagni fondarono il Collettivo Autonomo di Milano nel 1974, gruppo attivista che criticava gli aspetti riformisti del primo movimento gay FUORI! e che diede vita ai Collettivi Omosessuali Milanesi

nephew Perseus (whose father was Zeus) in a wooden ark sealed with bronze nails, and threw them into the sea. The poem gives voice to Danae's lament.

Poem by an 18-Year-Old (pp. 90-91)
MM Notes:
1) The eighteen-year-old is exhausted from studying, and while having a snack, he realizes he's losing his mind.
2) Denis: this is Denis R., initiator of LSD, but also stands for LSD.
["Pavesini": a type of biscuit popular in Italy. Produced since 1948 by the Pavesi company, the production was acquired by Barilla in 1992. "Bel Paese": an Italian cheese produced by Galbani, originally created in 1906.—Ed.]

"Oh, the spur/of an overdetermined…" (pp. 92-93)
MM Notes:
(To better understand the poem. Notes.)
1) Satan = Satan, Denis R. initiator of LSD, LSD.
2) "…of his gaze": Satan's gaze
3) "your dominion": Satan's dominion)
[There are two versions of this poem, the second of which contains two minor modifications: in the second line, "d'una" in the place of "di una," and in the 9th line, "il mio sguardo" ("my gaze") in the place of "un suo sguardo" ("of his gaze").—Ed.]

The Ship (pp. 96-97)
There are two versions of this poem, with one difference, in the final line: "dal mondo" in the version here, and "del mondo" in another draft.

Circumda et Ama, 8—A Love Poem for C. (pp. 98-101)
The "8" in the title (the Latin phrase "circumda et ama" equates to "protect and love") alludes to Mario's emotional attachment to a classmate from Collegio Gallio in Como named Otto, to whom he refers on several occasions. In the volume *Mario trent'anni dopo*, this text is entitled "Poesia del mio amore in occasione di Corrado," but this title does not appear on the original.

The person to whom these words are addressed is Corrado (pp. 104-107)
The original typescript bears the handwritten correction to the title:
"The person to whom these words are addressed is Corrado" is modified as:
"The pretext to whom these words are addressed is Corrado."

(COM), ispirando esperienze autonome in tutta Italia, protagoniste del nuovo corso del movimento di liberazione omosessuale.

Urli del possesso (?) – Autunno (pp. 110-113)
Note di MM:
1) tempi di Giugno: periodo di grave malattia e di eccezionali esperienze di droga
2) la strada di S. Marco: via s. Marco
3 Pero: l'architetto Pero
4) Frank Stella: grande pittore americano contemporaneo
5) quel Cristo: Frank Stella
6) del suo maestro: Kenneth Noland, pittore americano, maestro di Frank Stella
7) anziano: il saggio, il sapiente, il drogato
[Questa poesia è stata pubblicata nel volume *Mario trent'anni dopo* con il titolo: *Urli del possesso. Autunno. (Ottobre 1970)*, versione che non include il punto di domanda del titolo e una "d" finale presente nel dattiloscritto originale. -Ed.]

La morte di Zia Dora (pp. 114-117)
Ci sono due copie di questa poesia , una intitolata "la morte di zia Dora", l'altra "In occasione della morte di Dora Pomi – Visione (Ottobre 1970)."
Zia Dora era una cara amica, raffinata ed elegante, sempre vestita in nero, denominata zia per la sua prossimità con la famiglia. Si suicidò in età avanzata.

In occasione del processo a Pio Baldelli, direttore responsabile di "Lotta continua", 9 Ottobre (pp. 118-121)
Il 9 ottobre 1970 Pio Baldelli, direttore responsabile del periodico Lotta continua fu convocato a processo per diffamazione a mezzo stampa dal commissario di polizia Luigi Calabresi, per avere accusato Calabresi della morte di Giuseppe Pinelli, avvenuta durante un interrogatorio in questura in presenza di cinque persone. Pinelli, ferroviere, partigiano, anarchico, fu trattenuto in stato di fermo per più di 48 per accertamenti relative all'esplosione della bomba nella Banca Nazionale dell'Agricoltura in Piazza Fontana a Milano (12 dicembre 1969, 17 morti e 88 feriti). I mandatari ed esecutori dell'attentato terroristico, momento chiave della strategia della tensione (che vide implicati servizi segreti, massoni, elementi governativi, CIA, destra), furono i neofascisti del Gruppo Ordine Nuovo.

To Corrado, Assuming that I Die First (pp. 108-109)
The name Corrado recurs in several texts. Mario met Corrado Levi, architect and collector, in Milan in 1972. Mario, Levi, and other friends founded the Collettivo Autonomo di Milano in 1974, an activist group that criticized the reformist aspects of the first gay movement, FUORI!, and which gave rise to the Collettivi Omosessuali Milanesi (COM), inspiring autonomous experiences throughout Italy, protagonists of the new direction of the liberation movement.

Cries of Possession (?)—Fall (pp. 110-113)
MM Notes:
1) June: a period of serious illness and exceptional drug experiences
2) la strada di San Marco: Via San Marco
3 Pero: the architect Pero
4) Frank Stella: the great contemporary American painter
5) that Christ: Frank Stella
6) his master: Kenneth Noland, American painter, Frank Stella's teacher
7) an older person: the wise man, the scholar, the drug addict
[This poem was published in the volume *Mario trent'anni dopo* with the title "Urli del possesso. Autunno. (October 1970)." The published version left out the final "d" that is present in the original typescript, and which we have restored here.—Ed.]

The Death of Aunt Dora (pp. 114-117)
We have two copies of the same poem, one entitled "La morte di zia Dora," and the other "In occasione della morte di Dora Pomi – Visione (Ottobre 1970)."

Aunt Dora was a dear friend, refined and elegant, always dressed in black, called "aunt" due to her closeness to the family. Aunt Dora, who always wore black, took her own life at an old age.

On the occasion of the trial of Pio Baldelli, director of *Lotta continua*, October 1970 (pp. 118-121)
On October 9, 1970, Pio Baldelli, editor-in-chief of the periodical Lotta Continua, was summoned to trial by Police Commissioner Luigi Calabresi on charges of defamation, for accusing Calabresi of the death of Giuseppe Pinelli, which occurred during an interrogation at the police station in the presence of five people. Pinelli, a railway worker, partisan, and anarchist, was held in custody for over 48 hours as part of the investigation into the bomb attack at the Banca Nazionale dell'Agricoltura in Piazza Fontana, Milan (December 12, 1969; the explosion left 17 dead and 88 injured). The actual instigators and perpetrators of the terrorist attack, a key moment in the strategy of tension (which implicated the secret services, Freemasons, government elements, the CIA, and broadly those on the right), were the neo-fascists of the Gruppo Ordine Nuovo.

Neàm (pp. 126-129)
Note di MM:
1) Neàm: ragazza dal nome persiano.
2) Le cose dette nella prima strofe avvengono in una macchina che, con a bordo me, Neàm, e un "guidatore", gira per la città intasata dal traffico. È inverno.
3) L'Andrusskiewes: E. E. Andrusskiewes, signora polacca, pupazzara. Vuole introdurre in tv due delle sue creazioni. È lei che mi ha presentato Neàm.
4) "Se te la fai con quello...": un noto regista della TV.
5) ...la luce: sta per LSD.
6)…prove totali: esperienze di LSD
7) …in una strada sozza: l'LSD va preso in un luogo pulito e ordinato, affinché non provochi conseguente traumatizzanti.
8) …l'acido: è l'acido lisergico.
9) Provocatori del silenzio: i drogati.
["*pala occhioaragosta*": descrive il colore delle ali della farfalla – forse una variante di *pala occhio*, Colias palaeno -Ed.]

Quando assetato (pp. 130-131)
Note di MM:
1a strofa—Fàrsalo: l'immagine dei primi versi è tratta dalla Farsalia di Lucano, ove si narra di soldati che, morenti per la sete, si tagliarono le vene per bere il proprio sangue.
2a strofa—Fenomeno: nell'accezione kantiana del termine.
3a strofa—1) Mente d'angelo: figura tratta dallo Schopenhauer, "il Mondo come Volontà e rappresentazione."
3a strofa—2) Intelletto: nell'accezione kantiana del termine.
[Farsalia, antica città situata nella regione della Tessaglia, Grecia, sito della decisiva vittoria di Cesare su Pompeo nel 48 BC, immortalata da Lucano, poeta romano, nell'epica Pharsaglia (De Bello Civili) AD 61-65.
A proposito della parola " rupperò", vedi *Premessa*, p. 12. -Ed.]

Quand je parle personne ne me comprend (pp. 132-133)
Mario scriveva sovente in francese, appunti, versi, lettere. Il francese era una lingua di famiglia, utilizzata spesso nei dialoghi intimi con la sorella.

La Lóriga ha ritrovato un portafoglio (pp. 136-137)
Loriga, una conoscente, vicina di casa.

Neàm (pp. 126-129)
MM Notes:
1) Neàm: a girl with a Persian name.
2) The things said in the first stanza take place in a car that, with me, Neàm, and a "driver" aboard, drives through the traffic-clogged city. It's winter.
3) Andrusskiewes: E. E. Andrusskiewes, a Polish lady, a puppeteer. She wants to introduce two of her creations to TV. She's the one who introduced me to Neàm.
4) "If you do it with that…": a well-known TV director.
5) "sensed the light": LSD.
6) "all-encompassing trials": LSD experiences.
7) "a filthy street": LSD should be taken in a clean and orderly place, to prevent traumatic effects.
8) "the acid": lysergic acid.
9) "provocateurs of silence": drug addicts.

["*pala occhioaragosta*": literally 'lobster-eye,' describing the eyespots on and color of the wings of the butterfly — this might be a variation of *pala occhio*, Colias palaeno.—Ed.]

"When, dying of thirst…" (pp. 130-131)
MM Notes:
1st stanza—Pharsalus: The image in the first lines is taken from Lucan's Pharsalia, which tells of soldiers who, dying of thirst, cut their veins to drink their own blood.
2nd stanza—Phenomenon: in the Kantian sense of the term.
3rd stanza—1) Angel Mind: A figure taken from Schopenhauer, "The World as Will and Representation."
3rd stanza—2) Intellect: in the Kantian sense of the term.

[As MM explains in his notes, above—Pharsalus (Farsaglia), ancient city in Thessaly, Greece, was the site of Caesar's decisive victory over Pompey in 48 BC (and most likely visited by MM in his travels), memorialized by the Roman poet Lucan in the epic Pharsalia (De Bello Civili) AD 61-65.

Regarding the coinage "rupperò" ("I'll have ruptured," in this translation), see the *Preface*, p. 13.—Ed.]

Quand je parle personne ne me comprend (pp. 132-133)
Mario often wrote in French: notes, poems, and letters. French was a family language, often used in intimate conversations with his sister Paola.

"Lóriga found a wallet…" (pp. 136-137)
Lóriga was a friend from the neighborhood.

Pur anco sono e solo (pp. 140-141)
Con "La razza superiore" questa è una delle due poesie qui pubblicate solo nell'originale, scritte in un collage di dialetto ed espressioni idiomatiche. Ricche di giochi di parole e bruschi passaggi in dialetto, esse eludono la traduzione.

Venezia, maggio 1971, con Kucki e Tiziana (pp. 144-145)
"Con Kucki e Tiziana" è aggiunto a mano nel dattiloscritto. Solitamente Mario scrive "Kukki" – il nome con cui in famiglia si chiamava il cugino Francesco Santini, grandissimo amico di Mario dalla prima infanzia e suo interlocutore in molti scritti politici.
Nell'espressione "irrùme da fieno" si può percepire un doppio senso. L'irrume da fieno è un rimedio popolare contro l'allergia detta appunto "febbre da fieno". Tuttavia il termine *irrumatio*, utilizzato prevalentemente nella letteratura erotica Latina, indica una forma di fellatio.

Dormiveglia (pp. 150-151)
La data 12 maggio 1973 è aggiunta a mano nel dattiloscritto.

L'ultima piaga della mia gioventù (pp. 154-155)
La nona riga ha una correzione a mano nel dattiloscritto: "la luminaria accesa" al posto di "luce accesa".

(1974? Da penso...) (pp. 156-157)
Piero: Piero Fassoni, artista, conosciuto a Londra nel 1971, con cui Mario ebbe una lunga relazione amorosa e amicale. Mogadon: un potente sedativo (nitrazepam) spesso prescritto per l'insonnia.

A Umberto (pp. 168-169)
Umberto: Umberto Pasti, incontrato di sfuggita nel 1972, con cui a partire dal 1977 comincia un'intensa relazione amorosa.

Herstory (pp. 174-175)
Umberto, vedi sopra

Pur anco sono e solo (pp. 140-141)
    One of two poems written in a collage of dialect and idiomatic expression provided here in the original only. These poems employ wordplay and abrupt dialect/standard shifts that elude translation.

Lava il tu' panno in del ritiru (pp. 142-143)
    The phrase, in dialect, means "launder your clothes in private." With this phrase MM reflects the opprobrium sensed outside the window, while in a conservative part of the country.

Venice, May 1971 *with Kucki and Tiziana* (pp. 144-145)
    "With Kucki and Tiziana" is handwritten on the manuscript. Mario usually wrote "Kukki"—the family's nickname for his cousin Francesco Santini, a close friend since childhood, and his interlocutor in many political writings.
    The expression "irrùme da fieno" has a double meaning, as it is a popular remedy for the allergy known as "hay fever," and in the term *irrumatio*, used primarily in Latin erotic literature, it refers to a form of fellatio.

"La razza superiore" (p. 146)
    One of two poems written in a collage of dialect and idiomatic expression provided here in the original only. These poems employ wordplay and abrupt dialect/standard shifts that elude translation.

Half Asleep (pp. 150-151)
    The date 12 May 1973 is written by hand on the manuscript.

"The last wound of my youth…" (pp. 154-155)
    A correction to the ninth line handwritten on the manuscript: "la luminaria accesa" in the place of "luce accesa."

(1974? From I think…) (pp. 156-157)
    Piero: Piero Fassoni, artist, whom Mario met in London in 1971, and with whom he had a long relationship as lovers and friends.
    Mogadon: a potent sedative (nitrazepam) sometimes prescribed for insomnia.

Funzione della noia inutile (pp. 178-179)
"Il bastimento di Cincinnati" è un nave varata nel 1902 che visse molte vite, con nomi diversi e al servizio di varie funzioni, sia in pace che in guerra, oggi armeggiata in un affluente del fiume Ohio.

Il bancario a sua sorella (pp. 184-185)
"Suprèmes", riferimento al gruppo vocale femminile americano Supremes in auge negli anni sessanta e settanta.

L'Elefante Rosso (pp. 190-193)
Riferimento alla stamperia d'arte Elefante Rosso di Piacenza, fondata dagli artisti Armodio, Carlo Berté e Gustavo Foppiani, di cui Mario divenne amico.

Mal de muchos consuelo de tontos (pp. 196-197)
Quel che è male per molti è la consolazione dei tonti.

Il palmeto (pp. 198-199)
Poesia scritta durante un viaggio in Oriente, tra il novembre 1979 e la fine aprile 1980. Mieli visitò India, Tailandia, Nepal, Java, Jakarta, Bali. Ulàn Bàtor è la capitale della Mongolia; il nome significa "eroe rosso", in onore di Damndini Sùchbaatar, rivoluzionario, generale e politico mongolo, leader della rivoluzione del 1921 che avrebbe portato alla costituzione della Repubblica Popolare Mongola. "Ubi/constrictor ulterioris feminis regi/ubicarum" è invenzione poetica, misto di latino ed esperanto.

A Carlos (pp. 200-201)
"XII Madi": riferimento all'Iman Shiita Muhammad al-Mahdi, che secondo la tradizione shiita stabilirà pace e giustizia alla fine dei tempi e redimerà l'Islam.

Papero (pp. 206-207)
La poesia è dedicata alla carissima amica Anna, insegnante e saggista, conosciuta a Milano nel 1976, con cui Mieli discute e corrisponde fino alla fine della sua vita.

Ballerina (pp. 162-163)
final line: in the original, "M io" — here, the letter M indicates Mario, and at the same time "Ma" ("But"), with the apostrophe and contraction with io ("I") — a bit of playful wording that doesn't carry over into English.

To Umberto (pp. 168-169)
Umberto: Umberto Pasti, whom Mario encountered briefly in 1972, and with whom he began an intense love affair starting in 1977.

Herstory (pp. 174-175)
Umberto: see the above note.

The Function of Pointless Boredom (pp. 178-179)
"The ghost ship of Cincinnati" is a maritime vessel first launched in 1902 that subsequently lived several lives under different names serving every kind of purpose, in both peacetime and war, and is now stranded in a tributary of the Ohio River.

The Bank Teller to his Sister (pp. 184-185)
"the suprèmes"—a reference to the American group the Supremes, the all-female vocal group especially in vogue in the '60s and '70s.

Red Elephant (pp. 190-193)
A reference to the "Elefante Rosso" art printing house in Piacenza, founded by the artists Carlo Berté, Armodio, and Gustavo Foppiani, with whom Mario became friends.

Mal de muchos consuelo de tontos (pp. 196-197)
What's bad for many is the consolation of fools: the saying implies that only fools are consoled by the thought that their ill fortune is shared by many (therefore not equivalent to such milder English sayings as *misery loves company*, or *two in distress makes sorrow less*). The title allows us to read as ironic the lines "So what if I'm crying,/since everyone else is too?"

The Palm Grove (pp. 198-199)
A poem written during a trip to the East, between November 1979 and late April 1980. Mieli visited India, Thailand, Nepal, Java, Jakarta, and Bali. Ulan Bator is the

A Lucia (pp. 208-209)
La poesia è in occasione della nascita della nipotina Lucia, figlia della sorella maggiore di Mario, Giuliana. "Zio Mario" è scritto a mano.

Mary (pp. 210-211)
"A zia Clara, con affetto", la X in basso e la data sono scritte a mano. Zia Clara, è una zia molto amata e un'interlocutrice, nonna del cugino Kukki, Francesco Santini.

Al maschio (pp. 212-213)
Il titolo la X in basso e la data sono scritte a mano. Triregnum: La tripla corona o tiara papale che, come spiega il Vaticano, è "formata da tre corone che simboleggiano il triplo potere del Papa: padre dei re, governatore del mondo e Vicario di Cristo […] Tra le diverse interpretazioni, menzioniamo quella secondo cui le tre corone rappresentano il Cristo militante, sofferente e trionfante".

Sommo Vate: "poeta supremo" o "poeta profeta", per antonomasia Dante Alighieri.

capital of Mongolia; the name means "red hero," in honor of Damndini Sùchbaatar, a Mongolian revolutionary, general, and politician, leader of the 1921 revolution that would lead to the establishment of the Mongolian People's Republic. "ubi/constrictor ulterioris feminis regi/ubicarum"—an invention between Latin and Esperanto.

To Carlos (pp. 200-201)
"XII Madi"—a reference to the Shiite Imam Muhammad al-Mahdi, who, according to Shiite belief, will establish peace and justice at the end of time, and redeem Islam.

Papero (pp. 206-207)
MM was fond of Donald Duck; "papero" (duckling) is sometimes adopted as a nickname or term of endearment.

The poem is dedicated to Mario's dear friend Anna, a teacher and essayist, whom he met in Milan in 1976, and with whom he confided and corresponded until the end of his life.

To Lucia (pp. 208-209)
The poem is on the occasion of the birth of his niece Lucia, daughter of Mario's older sister, Giuliana. "Uncle Mario" is added by hand.

Mary (pp. 210-211)
At the bottom of the page, "To aunt Clara, with love" and "X" are handwritten. Aunt Clara: a much-loved aunt and confidant, grandmother of cousin Kukki, Francesco Santini.

To Men (pp. 212-213)
The title, "X" at the bottom, and the date are all written by hand on the page. Triregnum: The pope's triple crown or Papal Tiara, which as the Vatican explains, is "formed by three crowns symbolizing the triple power of the Pope: father of kings, governor of the world, and Vicar of Christ […] Among the various interpretations, we shall mention the one that says that the three crowns represent the militant, the suffering, and the triumphant Christ."

Sommo Vate: Supreme Poet; antonomasia for Dante Alighieri.

Poesia per il criptochecche francesi

Je veux le mal!
Lapsus: je veux le mâle.

Venerial deseases
wait for you
le lendemain.

Et après çà,
le "deluge"...
le Baptême.
Je suis un vrai putain,
naturellement.

Nota biografica

Paola Mieli

Mario Mieli fu un attivista del movimento gay negli anni '70. Nato a Milano nel 1952, visse a Lora, campagna dietro al lago di Como, fino a 16 anni, per trasferirsi nel 1968 a Milano, dove morì nel 1983, suicida. A partire dal 1968-69 cominciò a prendere parte alle attività del movimento di liberazione omosessuale in Italia. Dal 1971 in avanti visse in maniera discontinua tra Londra, dove collaborava con il Gay Liberation Front, Amsterdam e Milano. Nell'aprile del 1972 partecipò a quella che viene considerata come la prima manifestazione pubblica degli omosessuali italiani, una protesta a Sanremo contro un congresso internazionale di sessuologia su "I comportamenti devianti della sessualità umana": l'evento marcò la nascita ufficiale del FUORI! Fronte Unitario Omosessuale Rivoluzionario Italiano. Strinse forti legami col movimento delle femministe, che rimasero sue costanti interlocutrici. Dal '72 in avanti pubblicò una serie di articoli, saggi e interventi politici su diverse riviste e giornali, divenendo una figura di rilievo del movimento omosessuale italiano[1]. Nel 1974 fondò con Corrado Levi *Il collettivo autonomo di Milano* (COM), separandosi dal FUORI!, di cui criticava radicalmente gli aspetti riformisti. Seguendo l'esperienza dei collettivi femministi, i collettivi di autocoscienza omosessuale ebbero impatto tanto sulla vita dei loro partecipanti quanto sulla scena politica degli anni '70; in questi laboratori, la formula "il personale è politico" radicava l'attivismo nell'esperienza della liberazione soggettiva. Nel 1976 Mario pubblicò da Einaudi una versione rimaneggiata della sua tesi di laurea in Filosofia Morale, dal titolo *Elementi di critica*

---

[1] I testi politici di Mieli tra il 1972 e il 1983 sono stati raccolti nel volume: M. Mieli, *La Gaia critica. Politica e liberazione sessuale negli anni settanta. Scritti (1972-1983)*, Marsilio Editori, Venezia 2019, sotto la direzione di Paola Mieli e Massimo Prearo, pubblicati in francese nel 2024 da Éditions la tempête, Parigi.

Biographical Note

Paola Mieli

Mario Mieli was an activist in the gay movement in the 1970s. Born in Milan in 1952, he lived in Lora, in the countryside behind Lake Como, until he was 16, before moving to Milan in 1968, where he took his own life in 1983. From 1968-69, he began to participate in the activities of the gay liberation movement in Italy. From 1971 onward, he lived intermittently between London, where he collaborated with the Gay Liberation Front, Amsterdam, and Milan. In April 1972, he participated in what is considered the first public demonstration of Italian homosexuals, a protest in Sanremo against an international sexology conference on "Deviant Behaviors of Human Sexuality." This event marked the official birth of FUORI!, the Italian Revolutionary Homosexual United Front. He forged strong ties with the feminist movement, which remained his constant interlocutors. From 1972 onwards he published a series of articles, essays and political interventions in various magazines and newspapers, becoming a prominent figure in the Italian homosexual movement.[1] In 1974, he and Corrado Levi co-founded the Autonomous Collective of Milan (COM), separating themselves from FUORI!, whose reformist aspects they radically criticized. Following the example of feminist collectives, the homosexual consciousness-raising collectives had an impact both on the lives of their participants and on the political scene of the 1970s; in their workshops, the formula "the personal is political" rooted activism in the experience of subjective liberation. In 1976, Mario published a revised version with Einaudi of his thesis in Moral Philosophy, entitled *Elementi di critica omosessuale* (Elements of

---

[1] The political texts written by Mieli between 1972 and 1983 are collected in the volume: M. Mieli, *La Gaia critica. Politica e liberazione sessuale negli anni settanta. Scritti (1972-1983)*, edited by Paola Mieli e Massimo Prearo, published by Marsilio Editori, Venezia, 2019; then published in French in 2024 by Éditions la tempête, Paris.

omosessuale[2], testo che fu tradotto in spagnolo nel 1979[3], in inglese nel 1980[4] – in una versione ridotta di cui Mario fu critico – e nuovamente nel 2018 in edizione integrale[5], in olandese nel 1982[6], in francese nel 2008[7], in portoghese nel 2019[8]. Una nuova edizione di *Elementi* uscì in Italia nel 2002 da Feltrinelli, ristampata in edizione tascabile nel 2017. Malgrado i passaggi ripetitivi e il carattere erudito e utopico, fortemente contestualizzato all'interno degli anni '70, *Elementi* fu e rimase un testo di battaglia, un manifesto per una politica dell'esperienza e della speranza, contro la norma "etero-capitalista". Interessato al teatro sin da ragazzino, a metà degli anni settanta vi ritornava come autore e come attore. Nel 1976, con Corrado Levi, Mario Rovere e altri partecipanti al COM, costituì il collettivo teatrale Nostra Signora dei Fiori, che mise in scena in varie città d'Italia la pièce *La Traviata Norma, ovvero: Vaffanculo...ebbene sì!* Di fatto improvvisata ad ogni performance, il canovaccio della pièce fu pubblicato dalle edizioni *L'erba voglio* nel 1977 (e ristampato da Asterisco edizioni nel 2019, a cura di Mauro Muscio). L'attività teatrale occupò buona parte dell'attivismo di quegli anni, tanto nei collettivi teatrali quanto in performances individuali, e accompagnò la sua scrittura fino alla morte. Si possono ricordare *Questo spettacolo non s'ha da fare! Andate all'inferno*, col collettivo teatrale Immondella e gli Elusivi del 1977; la performance al *Sex/Poetry* all'Out/off del 1979; la pièce *Ciò detto passo oltre*, alla *Sei giorni del monologo* al teatro Cristallo di Milano nel 1981. Dal '78 Mario decise tuttavia di dedicarsi principalmente alla narrativa, con l'intenzione di scrivere un romanzo, o forse due, la cui stesura vide una prima fase, conclusasi durante un viaggio di diversi mesi in Asia tra il '79 e l'80 – e la supposta perdita del manoscritto in corso a Bali – e un'assidua ripresa, fino alla consegna a Einaudi del romanzo *Il*

---

[2] M. Mieli, *Elementi di critica omosessuale*, Einaudi editori, Torino 1977. Una nuova edizione critica fu pubblicata nel 2002 da Feltrinelli.

[3] M. Mieli *Elementos de crítica homosexual*, Editorial Anagrama, Barcelona 1979.

[4] M. Mieli, *Homosexuality & Liberation, Elements of a Gay Critique*, Gay Men's Press, London, 1980.

[5] M. Mieli, *Towards a Gay Communism, Elements of a Homosexual Critique*, Pluto Press, London, 2018. Prima edizione completa del testo originale.

[6] M. Mieli, *Homoseksualiteit bevrijding*, Uitgeverij De Arbeiderspers, Wetenschappelijke Uitgeverij, Amsterdam, 1982.

[7] M. Mieli, *Eléménts de critique homosexuelle, Italie: les années de plomb*, EPEL, Paris, 2008.

[8] M. Mieli, *Por Um Comunismo Transexual*, Boitempo Editorial, San Paulo, 2023.

Homosexual Criticism).[2] The text was translated into Spanish in 1979,[3] into English in 1980[4] – in an abridged version of which Mario was critical – and again in 2018 in the complete edition,[5] then into Dutch in 1982,[6] into French in 2008,[7] and into Portuguese in 2019.[8] A new edition of *Elementi* was published in Italy in 2002 by Feltrinelli, and reprinted in paperback in 2017. Despite its repetitive passages and its erudite, utopian nature, strongly contextualized within the 1970s, *Elementi* was then and remains now a combative text, a manifesto for a politics of experience and hope, against the "hetero-capitalist" norm. Interested in theater since he was a boy, Mieli returned to it in the mid-1970s as both writer and actor. In 1976, with Corrado Levi, Mario Rovere, and other COM members, he formed the theater collective Nostra Signora dei Fiori, which staged the play *La Traviata Norma, ovvero: Vaffanculo…ebbene sì!*, in various Italian cities. Almost entirely improvised at each performance, the outline of the play was published by *L'erba voglio* in 1977 (and reprinted by Asterisco edizioni in 2019, edited by Mauro Muscio). Theatrical activity occupied a large part of his activism and composition during those years, both in theater collectives and in individual performances, and accompanied his writing up to his death. Among these works are *Questo spettacolo non s'ha da fare! Andate all'inferno*, with the theater collective Immondella e gli Elusivi in 1977; the performance at Sex/Poetry at Out/off in 1979; and the play *Quello detto passo oltre* at 'Sei giorni del monologo,' at the Teatro Cristallo in Milan in 1981. From 1978, however, Mario decided to devote himself primarily to fiction, intending to write a novel, or perhaps two. The initial phase of writing, concluded during a several-months-long trip to Asia between 1979 and 1980—and the supposed loss of the manuscript in progress in Bali—was followed by

---

[2] M. Mieli, *Elementi di critica omosessuale*, Einaudi editori, Torino 1977. A new critical edition was published in 2002 by Feltrinelli.

[3] M. Mieli, *Elementos de crítica homosexual*, Editorial Anagrama, Barcelona 1979.

[4] M. Mieli, *Homosexuality & Liberation, Elements of a Gay Critique*, Gay Men's Press, London, 1980.

[5] M. Mieli, *Towards a Gay Communism, Elements of a Homosexual Critique*, Pluto Press, London, 2018. This is the first edition of the complete original text.

[6] M. Mieli, *Homoseksualiteit bevrijding*, Uitgeverij De Arbeiderspers, Wetenschappelijke Uitgeverij, Amsterdam, 1982.

[7] M. Mieli, *Éléménts de critique homosexuelle, Italie: les années de plomb*, EPEL, Paris, 2008.

[8] M. Mieli, *Por Um Comunismo Transexual*, Boitempo Editorial, San Paulo, 2023.

risveglio dei faraoni a fine settembre dell'82. Nel marzo dell'83, pochi giorni prima della morte, Mieli rescisse il contratto con Einaudi e chiese la restituzione del manoscritto, in quella data già composto per la stampa[9]. Il rapporto di Mario con la scrittura, e soprattutto quella per lui più impegnativa, come la tesi di laura trasformata in saggio o la narrativa – dove, come si esprime, è costantemente "ossessionato dalla questione dello stile"[10] – fu marcato da dure crisi esistenziali o "schizofreniche", come le chiamava: la prima nel 1974-75 a Londra, precipitata dall'uso di droghe; poi quella del '78- 79, ai tempi della grande disillusione politica, effetto del riformismo del movimento omosessuale da cui si sentiva profondamente alieno e dei colpi inferti a livello politico e amministrativo dalla strategia della tensione, che avrebbero finito col cambiare irrimediabilmente il corso della vita sociale e culturale del paese; quella tra l'estate dell'82 e il marzo dell'83, quando, dopo un lungo periodo di ripensamento, era tormentato dall'insoddisfazione del romanzo appena faticosamente completato. A suo giudizio, nella seconda parte de *Il risveglio dei faraoni,* non era riuscito a sostenere la qualità di stile che si prefiggeva.

---

[9] Per una biografia critica dettagliata della vita di Mieli e del suo rapporto travagliato con la scrittura, si veda M. Mieli, *La Gaia critica. Politica e liberazione sessuale negli anni settanta. Scritti (1972-1983)*, "Biografia critica", op. cit. pp. 327-352.

[10] Lettera del 5 maggio del 1977 a Denis Robert, archivio Denis Robert, citato in M. Mieli, *La Gaia critica. Politica e liberazione sessuale negli anni settanta. Scritti (1972-1983)*, "Biografia critica", op. cit. p. 340.

a diligent resumption, culminating in the delivery of the novel *Il risveglio dei faraoni* (The Awakening of the Pharaohs) to Einaudi in late September 1982. In March 1983, a few days before his death, Mieli terminated his contract with Einaudi and requested the return of the manuscript, which at that time had already been prepared for publication.[9]

Mario's relationship with writing, especially the most challenging projects, such as transforming his thesis into an essay, or fiction—where, as he put it, he was constantly "obsessed with the question of style"[10]—was marked by severe existential or "schizophrenic" crises, as he called them: the first in 1974/75 in London, precipitated by drug use; then in 1978/79, at a time of great political disillusionment—a consequence of the reformism of the homosexual movement from which he felt profoundly alienated, and the blows inflicted at the political and administrative levels by the strategy of tension (*strategia della tensione*) of those times, which would end up irremediably changing the course of the country's social and cultural life; and the final crisis, between the summer of 1982 and March of 1983, when, after a long period of reflection, he was tormented by dissatisfaction with the novel he had just painstakingly completed. In his opinion, in the second part of *Il risveglio dei faraoni* he had failed to sustain the intended stylistic quality.

---

[9] For a detailed critical biography of Mieli and of his troubled relationship with writing, see M. Mieli, *La Gaia critica. Politica e liberazione sessuale negli anni settanta. Scritti (1972-1983)*, "Biografia critica", op. cit. pp. 327-352.

[10] Letter of 5 May 1977 to Denis Robert, archivio Denis Robert, in M. Mieli, *La Gaia critica. Politica e liberazione sessuale negli anni settanta. Scritti (1972-1983)*, "Biografia critica", op. cit. p. 340.

Nicholas Benson is the translator of works by Maria Grazia Calandrone, Aldo Palazzeschi, and Scipio Slataper, among others, and author of a book of poems, *I commissioned some wooden luggage* (Agincourt, 2024).

Paola Mieli is a psychoanalyst practicing in New York, the author of *Figures of Space. Subject, Body, Place* (Agincourt Press, New York, 2017) and numerous essays on psychoanalysis and culture.

Federica Santini is Professor of Italian and Interdisciplinary Studies and Chair of the Department of World Languages and Cultures at Kennesaw State University. Her essays, literary translations, poems, and short fiction have been published in over 100 journals and volumes in the U.S. and Italy.

Books published by Agincourt Press in the Opuntia Series

Gastone Novelli, *Writings: 1943-1968*, translated by Gianpiero W. Doebler

The Acts of the Reappearing Pheasant. The Return of Experimental Italian and American Poets and Critics in New York (November 10–12, 2022), edited by Iuri Moscardi & Sandro-Angelo de Thomasis

Angelo Lumelli, *Poems*, edited by Eugenio Gazzola, translated by Gianpiero W. Doebler (2024)

Giorgio Bassani, *The Collected Poems*, translated, with an introduction and notes by Roberta Antognini and Peter Robinson (2023)

Laura Liberale, *Thanato-Aesthetics*, translated by Murtha Baca and Federica Santini (2023)

John Latta, *Some Alphabets*, with an introduction by Mark Scroggins (2022)

Gianfranco Contini, *An Idea of Dante*, translated by Stephen Sartarelli (2021)

Giani Stuparich, *One Year of School and The Island*, translated by Charles Klopp and Melinda Nelson, with an introduction by Charles Klopp (2021)

Michela Dall'Aglio, *In the Beginning There Was Freedom: An Itinerary between Science, Philosophy, and Faith*, translated by Thomas Haskell Simpson (2020)

Mariano Bàino, *Yellow Fax and Other Poems* (2019)

Alfredo Giuliani (ed.), *I Novissimi: Poetry for the Sixties*, edited by Luigi Ballerini and Federica Santini (2017)

Gianluca Rizzo (ed.), *On the Fringe of the Neoavantgarde / Ai confini della neoavanguardia, Palermo 1963 – Los Angeles 2013* (2017)

Massimo Ciavolella and Gianluca Rizzo (ed.), *Savage Words: Invectives as a Literary Genre* (2016)

www.ingramcontent.com/pod-product-compliance
Lightning Source LLC
Chambersburg PA
CBHW070053080526
44586CB00013B/1040